国家自然科学基金项目（项目号：71371124）资助
上海汽车工业教育基金会资助

卓越管理论丛

基于持续创新能力的中国汽车产业并购整合模式研究

Research on Mergers & Acquisitions Integration Model of Chinese Automobile Industry Based on Sustainable Innovation Capability

张 峥 著

上海交通大学出版社
SHANGHAI JIAO TONG UNIVERSITY PRESS

内容提要

本书针对中国汽车产业持续创新能力较弱问题，运用动态战略地图方法，围绕如何通过并购整合方式提升持续创新能力这一目标展开研究。首先，在对中外汽车产业现状分析及中国汽车产业持续创新能力分析的基础上，选取汽车产业上市公司样本进行实证研究。通过运用因子分析法，分析近年来中国汽车产业并购前后综合绩效的变化以及并购综合绩效与持续创新能力的关联性。针对实证结果，在确定影响并购整合关键因素的基础上，运用动态战略地图方法，对关键因素之间的因果关系进行分析，提出基于持续创新能力的中国汽车产业并购整合模式，并对并购整合模式进行高阶非线性、多重反馈、复杂动态模拟，提出政府的政策建议，以促进中国汽车产业通过并购整合方式提高持续创新能力。

图书在版编目(CIP)数据

基于持续创新能力的中国汽车产业并购整合模式研究 / 张峥著. — 上海 ：上海交通大学出版社，2013

ISBN 978-7-313-09466-7

Ⅰ. 基... Ⅱ. 张... Ⅲ. 汽车工业—经济发展—研究—中国 Ⅳ. F426.471

中国版本图书馆 CIP 数据核字(2013)第 028429 号

基于持续创新能力的中国汽车产业并购整合模式研究

著　　者：张　峥

出版发行：上海交通大学出版社　　地　　址：上海市番禺路 951 号

邮政编码：200030　　电　　话：021-64071208

出 版 人：韩建民

印　　制：上海颛辉印刷厂　　经　　销：全国新华书店

开　　本：787mm×960mm　1/16　　印　　张：10.75

字　　数：185 千字

版　　次：2013 年 12 月第 1 版　　印　　次：2013 年 12 月第 1 次印刷

书　　号：ISBN 978-7-313-09466-7 / F

定　　价：30.00 元

序　言

汽车产业是我国国民经济的重要支柱产业。如果仅以规模衡量，我国现已成为世界汽车大国，但长期以来我国汽车产业普遍存在关键技术创新不足、高附加值产品比重过低等问题，导致持续创新能力低下。通过有效方式提高持续创新能力已成为我国由汽车大国向汽车强国转变过程中所面临的紧迫任务。其中，通过将产业创新能力进行有效系统集成，形成协同效应，已成为提升持续创新能力的重要方式。

在此，我郑重地向广大读者推荐本书。因为本书从并购整合的全新角度对提升我国汽车产业持续创新能力进行了深入的、卓有成效的研究，体现出很高的学术水准和实际应用价值。

首先，本书从持续创新能力的角度重新界定了我国汽车产业并购整合模式的概念，构建了基于持续创新能力的我国汽车产业并购整合新模式，为产业协同创新理论注入了新内容。其次，本书对并购整合提高持续创新能力的机理进行了深入理论探讨，并结合战略地图和系统动力学理论，提出动态战略地图方法，形成基于持续创新能力的我国汽车产业并购整合分析的新方法。此外，本书将取得的理论研究成果与中国汽车产业管理实践紧密地结合在一起，对我国汽车产业并购整合进行了系统建模、动态模拟与实证分析，并提出了一系列具有很强针对性的政策建议，为政府有关部门的决策提供了有益借鉴和科学依据。

近十多年以来，作者张峥在协同创新领域开展了大量、深入的研究工作。大学毕业后，张峥先后在企业和政府部门工作过六年多时间，积累了丰富的管理实践经验。之后他全脱产攻读研究生学位。2004 年从同济大学经济与管理学院获得博士学位后一直在高校从事协同创新领域的教学和科研工作。他曾先后主持了包括国家社会科学基金项目和国家自然科学基金项目在内的多项重要课题的研究工作。另外，他还在重要学术刊物上发表了高质量研究论文二十余篇，体现出很高的学术素养和科研能力。张峥年富力强，思想活跃，在协同创新研究领域中持之以恒，不断进取，成果颇丰。

本书结构严谨、条理清晰，数据资料丰富详实，论点明确，论据充分，所得结论新颖、可靠，对相关领域的理论探讨和实际应用研究起到了积极的推动作用。本书的研究工作及其取得的成果体现出作者严谨的治学态度和孜孜以求的探索精神，这是一部高质量的学术著作。我相信，学术研究人员、宏观产业管理人员及企业管理人员等不同类型的读者都可以从中得到一定的收获和启发。

中国系统工程学会系统动力学专业委员会副主任

严广乐　教授

Contents

目　录

第一章

绪 论

第一节 研究背景

汽车产业作为国民经济重要的支柱产业，产业链长，关联度高，就业面广，消费拉动大，在国民经济和社会发展中发挥着重要的作用。随着世界汽车产业的不断发展壮大，汽车产业在经济发展中的地位越来越突出，对世界经济的发展和社会的进步产生了巨大作用和深远影响。

汽车产业已成为我国国民经济发展的重要支柱产业。近年来，我国汽车产业取得了令人瞩目的成就。我国汽车产量由2000年的207万辆增长到2010年的1 826万辆，10年内汽车产量增长了近8倍，年均增长率为24.3%，连续10年保持20%以上的增长率，这是世界汽车产业发展史中绝无仅有的；同时中国汽车产量占全球汽车产量的比重从2000年的3.6%增至2010年的23.5%①。2010年中国汽车产业创造了43万亿元产值，利税1万亿元，汽车产销量连续两年位于世界第一②。如果仅以汽车产业规模衡量，我国已成为世界最大的汽车生产国和消费国，但"量"的扩张并没有带来"质"的飞跃。中国汽车产业多年来普遍缺乏关键技术创新，高附加值产品比重小，高端自主品牌市场占有率低，汽车产业普遍存在"大而不强"的现象。持续创新能力不足已成为制约我国汽车产业可持续发展的核心问题。通过有效方式提高持续创新能力成为我国由汽车大国向汽车强国转变过程中面临的紧迫任务。

---

① 国务院发展研究中心产业经济研究部等.中国汽车产业发展报告[M].北京：社会科学文献出版社，2011：23-24.

② 于宛尼."新能源"和"轻型化"并驾齐驱[N].工人日报，2011-07-06(4).

提高持续创新能力主要有内部和外部两种方式。企业动态能力理论强调持续创新能力主要有两个重要来源：一是通过企业内部研发，创造新知识、新技术、新产品；二是通过并购，将持续创新能力进行整合，产生持续创新能力的协同效应[①]。越来越多的学者开始关注通过并购对持续创新能力进行整合的可行性。诺贝尔经济学奖得主施蒂格勒（Stigler）指出："没有一个美国大公司不是通过某种程度、某种方式的兼并收购而成长起来的，几乎没有一家大公司主要是靠内部扩张成长起来的。"[②]目前并购已成为提高持续创新能力的重要方式。

对于中国汽车产业而言，通过并购方式提高持续创新能力具有可行性。首先，通过并购方式，能够将中国汽车企业在不同方面具有的创新能力优势互补，获得协同效应，从而提高持续创新能力。目前世界各大汽车企业几乎都进入了中国市场，中国汽车企业在与国际汽车巨头的竞争与合作过程中，在不同方面初步形成了一定的持续创新能力，这奠定了通过并购方式提高创新能力的现实基础；其次，通过并购方式提高中国汽车产业持续创新能力具有比较优势。通过内部积累方式提高汽车产业持续创新能力所需的时间长，资金投入高，而通过并购方式提升持续创新能力能够有效节约创新时间和成本，从而适应快速变化的汽车市场竞争[③]。中国政府于 2009 年 1 月出台的《汽车产业振兴规划》明确指出，中国汽车产业未来战略方向是加快推进汽车产业并购重组步伐。目前通过并购的方式提高持续创新能力已成为中国汽车产业的现实选择。

在中国汽车产业并购过程中，并购成功的关键环节在于并购后的整合。汽车企业并购后整合模式及其政府的政策选择是影响持续创新能力的决定性因素。

综上所述，在目前的国际国内新形势下，中国汽车产业需要尽快提高持续创新能力；并购方式是提升汽车产业持续创新能力的有效手段；通过并购方式提升持续创新能力的关键环节在于并购后的整合。本书根据对以上三方面因素分析，提出本课题研究。

---

① Cohen M, Levinthal D. Innovation and learning: the two faces of R&D [J]. The Economic Journal, 1989(99): 569-596.

② 乔治·约瑟夫·施蒂格勒. 潘振民译. 产业组织和政府管制[M]. 上海：上海三联出版社，1992.

③ 张峥，宋婷安，柏春华. 基于持续创新能力的我国汽车产业并购绩效的实证研究[J]. 汽车工程，2011(5)：457-462.

第二节 国内外研究文献综述

本书是对基于持续创新能力的并购整合模式及其政策选择进行研究，因此研究领域主要涉及持续创新能力理论、并购整合理论以及并购整合与创新能力的关联性理论研究。对以上研究领域的国内外研究文献进行评述是十分必要的。

一、持续创新能力文献综述

1. 创新研究基础

创新理论是持续创新理论形成的基础。“创新”的概念最早由美籍奥地利经济学家约瑟夫·熊彼特(Joseph Alois Schumpeter)提出。他在《经济发展理论》中指出，所谓创新就是要建立一种新的生产函数，将生产要素进行重新组合，通过市场获取潜在的利润的活动和过程；创新的形式主要包括：①生产新产品；②采用新的生产方法或工艺流程；③开辟新市场；④开拓原材料或半成品的新供给来源；⑤建立新的企业组织形式[①]。

熊彼特在《经济周期循环论》一书中进一步完善了创新理论，明确指出创新实际上是将新的生产函数引入经济系统，从而使成本曲线不断更新；成本的降低、残酷的竞争、经济均衡的打破以及经济周期本身等等经济变革的问题均归因于创新[②]。

总的来说，熊彼特第一次明确地将创新与经济运行、企业发展作为关联因素与系统过程进行考察，分析了组织创新、管理创新、社会创新与技术创新的关系。这些创新理论构成了现代创新研究的基础和起点。

2. 持续创新理论研究

激烈的市场竞争使学者们意识到，个别创新容易被模仿和超越，而持续性创新才是企业长远发展的保证。国外学者对持续创新的研究是从“持续改进(Continuous Improvement)”逐步过渡到“持续创新(Sustainable Innovation)”。今井正明将持续改进的概念概括为连续改进产品和工艺的创新活动；这种改进

① 约瑟夫.熊彼特.何畏译.经济发展理论[M].北京：商务印书馆，1990.

② 约瑟夫.熊彼特.叶华译.经济周期循环论[M].北京：中国长安出版社，2009.

虽然缓慢，每一次可能仅是量的改变，但聚集起来的效应却能产生巨大的经济效益①；野中郁次郎认为当原有的市场衰落、新技术开始猛进、竞争对手增长以及产品迅速淘汰时，只有持续创新的企业才能成功②；Boer 指出，在增长缓慢的经济体系中，持续改进活动更加可行；在增长速度较快的经济体系中，持续创新将引出新的产业博弈阶段③；Rodriguez 指出，持续创新是一种加快改善过程的管理战略，需要依靠快速的过程创新、产品创新、服务创新提升企业的盈利能力④；Soosay 指出，持续创新包含在产品、设备、生产流程、技术手段和工作方式等企业运营的全过程中，是企业持续在组织中运用新的生产方法的过程⑤；Markus 指出，持续创新是经济竞争中最重要的因素，具有区域及组织依赖性⑥。

向刚在总结五溪卷烟厂创新实践的基础上提出持续创新的概念，认为企业持续创新是企业在一个相当长的时期内，持续不断地推出和实施新的创新项目并持续不断地实现创新经济效益的过程⑦；夏保华定义了企业持续技术创新，认为企业持续技术创新具有技术家族创新和战略技术创新两个阶段，这两个阶段不断循环运转的过程构成了企业持续技术创新⑧；向刚、汪应洛提出企业持续创新动力内源论和企业持续创新动力模型，并运用所建立的理论分析框架，对中国企业的持续创新动力机制进行了实证分析⑨；林昭文、张钢对企业持续技术创新的障碍、持续技术创新的因素、持续技术创新的系统特征进行了理论探索⑩；文

---

① 今井正明. 周亮译. 改善：日本企业成功的奥秘[M]. 北京：机械工业出版社，2010.

② 野中郁次郎，竹内弘高. 李萌，高飞译. 创造知识的企业[M]. 北京：知识产权出版社，2006.

③ H. Boer, F. Gertsen. From Continuous Improvement to Continuous Innovation[J]. Intenational Journal of Technology Management, 2003, 26: 805-827.

④ J. Rodriguez. Achieving Continuous Innovation in Today's Competitive Economy [J]. Renaissance Executive Forums, fall. 2003: 71-87.

⑤ A C Soosay, T R Sloan, R L Chapman. Developing Organizational Capacities: A Strategic Approach to Continuous Innovation[C]. Proceeding of 6TH International CINet Conference, 2005: 1-12.

⑥ Markus Pohlmann. The Evolution of Innovation: Cultural Backgrounds and the Use of Innovation Models[J]. Technology Analysis & Strategic Management, 2005(1): 19.

⑦ 向刚，李振国，李穗明. 企业持续创新：重要性与基本概念[J]. 经济问题探索，1996(6)：4-7.

⑧ 夏保华. 论企业持续创新的结构[J]. 科学学研究，2002(10)：534-538.

⑨ 向刚，汪应洛. 企业持续创新动力机制研究[J]. 科研管理，2004(11)：108-114.

⑩ 林绍文，张钢. 企业持续技术创新的事项途经分析[J]. 中国科技论坛，2004(11)：51-55.

丰、王玉采用系统动力学的分析框架研究企业创新的不同路径，分析创新路径的内在机理以及环境变化的影响，确定在路径传导过程中影响我国企业持续创新的关键要素[①]；段云龙、杨立生指出技术创新动力模式与企业持续创新动力模式的根本差异在于怎样确保企业具备进行技术创新的不竭动力，而非在短期内推出零星创新项目获取垄断利润，并提出合适的制度安排有利于确保企业创新动力的持续性[②]。

3. 持续创新能力内涵研究

国外学者在持续创新能力内涵研究方面，Boer 修正了持续创新能力的概念，认为开创与开发两种能力的完美结合就是企业持续创新能力，是企业营运、渐进式学习改进以及突破式创新进行持续而有效的结合；持续创新能力不但具有灵活的战略，而且能提高企业的运营效率[③]；Soosay 等通过案例研究探讨利用价值链合作关系对企业的运作和创新能力的影响[④]。

国内学者郑勤朴认为，企业持续创新能力是综合性能力体系，包括财务能力、投入能力、营销能力、生产能力、创新产出能力和环境适应能力等[⑤]；陆奇岸指出，持续创新能力是指不断适应竞争环境和提升新的竞争优势的能力，具体形式有：开发新的资产，改善或创新现有业务流程，采用有可能损害现有地位的替代资源以及为资源向新的竞争领域延伸而进行投资[⑥]；向刚认为持续创新能力是在相当长的时期内，企业持续不断地推出和实施最新的项目，并不间断地实现创新带来的经济效益的能力[⑦]；王文亮等则提出持续创新能力是在企业使命和企业创新战略指导下，积极响应动态市场的变化，有效为市场提供新价值，从而

---

① 文丰，王玉. 企业持续技术创新的路径及传导机理[J]. 经济管理，2006(7)：39-44.

② 杨立生，段云龙. 基于模糊综合评价的企业绿色持续创新能力研究——中小企业绿色持续创新能力评价及应用[J]. 云南民族大学学报(自然科学版)，2007，16 (3)：197-201.

③ H Boer，J Kuhn，F Gertsen. Continuous Innovation[J]. CINet Working Paper Series，2006：69-77.

④ Claudine A. Soosay，Paul W. Hyland and Mario Ferrer. Supply chain collaboration：capabilities for continuous innovation[J]. Supply Chain Management，2008，13(2)：160-169.

⑤ 郑勤朴. 浅谈定量评价企业持续创新能力[J]. 理论与现代化，2001(5)：34-37.

⑥ 陆奇岸. 动态环境下企业可持续竞争优势的战略选择[J]. 工业技术经济，2004(5)：61-64.

⑦ 向刚，汪应洛. 企业持续创新能力：要素构成与评价模型[J]. 中国管理科学，2004(12)：137-142.

使企业得到持续发展的综合性能力体系[①];孙晓峰认为企业持续技术创新能力包括投入能力、R&D能力、投入产出效率、企业的组织管理能力等,并依据建立指标体系所要遵循的原则,构建了企业持续技术创新能力的评价指标体系[②];李支东等认为企业持续创新能力包括持续管理创新能力、持续市场创新能力、持续制度创新能力和持续技术创新能力,这四个因素是相互关联,动态集成在一起的[③]。

4. 持续创新能力培育策略研究

国外学者Wolpert提出网络中介为产业创新提供了新机会[④];Badii等提出伴随着关系管理驱动和工作流的价值创新,企业内外决策开始激增,知识提炼和知识整合对企业内部的创新潜能最大化和持续性成功提出了挑战[⑤];Tonnessen通过对挪威案例的研究,认为公司员工广泛参与的创新能带来效率的提高以及工作环境的改善[⑥];Bossink提出,管理者运用战略性的、有效互动的领导方式和组织内部知识的交流有助于持续创新流程[⑦];Kevin强调以客户为导向的创新方式能够使企业具有持续创新能力,并提出了使客户参与到企业的创新进程中的指导方针[⑧];Wienclaw强调创新源的重要性,指出将创新概念转变为新产品或新服务并成功引入市场是提高持续创新能力的重要因素[⑨]。

国内学者汪应洛认为,培育我国中小企业持续创新能力的有效策略是改善

① 王文亮,冯军政. 企业持续创新能力内涵与特征分析[J]. 技术经济,2006(11):70-73.

② 孙晓峰. 企业持续技术创新能力及其评价指标体系的构建[J]. 工业技术经济,2007(1):26-27.

③ 李支东,章仁俊. 企业持续创新能力评价研究[J]. 商业研究,2009(8):8-10.

④ John D. Wolpert. Break Out of the Innovation Box[J]. Harvard Business Review, 2002,(8):135-147.

⑤ Badii A., Sharif A. M.. Integrating Information and Knowledge for Enterprise Innovation[J]. Logistics Information Management,2003,16 (2):145-155.

⑥ Tor Tonnessen. Continuous innovation through company wide employee participation [J]. The TQM Magazine, 2005,17(2):191-195.

⑦ Bart A. G. Bossink, Leadership for sustainable innovation[J]. Bossink International Journal of Technology Management and Sustainable Development, 2007,6(2):135-149.

⑧ Kevin C. Desouza, Yukika Awazu, Sanjeev Jha, Caroline Dombrowski, Sridhar Papagari, Peter Baloh, Jeffrey Y, Kim. Customer-driven innovation [J]. Research Technology Management, May-July 2008.

⑨ Ruth A Wienclaw. Technological Innovation&Entepreneurs[J]. Research Starters Business,2008:283-299.

创新的外部环境，建立企业创新文化，加强自身的战略管理和完善激励机制①；王文亮等提出企业创新能力培育和提升的途径主要包括增加企业人力资源投入及研发投入，建立企业内外部信息共享，构建企业知识管理系统以及增强企业对知识的学习和吸收能力②；徐莉运用人类认知理论的关注、学习、思考、决策四个层次分析技术创新核心刚性的成因，建立成因系统模型，提出支持企业技术创新的相应对策③；徐英吉、徐向艺从耗散结构理论和熵理论两个角度，分别对制度创新与技术创新的不同组合对企业成长性和持续性的影响进行研究，并对生命周期处于开区间和闭区间的企业成长性和持续性进行研究，推导出企业进行两种创新的最佳时间临界点④。

在持续创新能力培育策略研究方面，研究角度颇多，研究成果较丰富，但在培育策略的应用研究中，涉及具体行业的实证研究较少，同时对提升持续创新能力的有效方式特别是外部方式方面的研究还不够充分⑤。

二、并购整合研究的文献综述

并购(Merger & Acquisition，通常简记为M & A)是对兼并、收购等企业重组行为的总称，也称为购并。在并购过程中，并购整合是并购成功的关键环节。所谓并购整合就是并购方对被并购企业战略、人力资源、文化、流程等各个方面的企业要素进行梳理，将本来相异的这些要素融合到并购后企业的过程。成功的并购整合可以弥补交易价格偏高、目标选择失误等带来的损失，而忽视并购整合则可能导致并购的失败。

并购整合是一项复杂的长期的系统工程，其作用不仅表现在是实现并购协同效应的根本途径，而且是实现相关利益者长期价值的关键阶段⑥。根据国内外学者的研究内容，有关并购整合的研究分为以下四个方面：

---

① 汪应洛. 培育我国中小企业持续创新能力的策略研究[J]. 企业活力，2002(5)：26-27.

② 王文亮，冯军政. 企业持续创新能力培育与提升策略[J]. 企业活力，2006(11)：69-71.

③ 徐莉. 增强企业持续创新能力的对策研究——从克服技术创新核心刚性视角[J]. 江西社会科学，2007(2)：140-142.

④ 徐英吉，徐向艺. 技术创新和制度创新的组合对企业持续成长的影响——基于熵理论和耗散结构理论的视角[J]. 财经科学，2007(9)，82-89.

⑤ 宋婷安，张峥. 企业持续创新能力研究评述[J]. 技术与创新管理，2010(4)：388-391.

⑥ 姚伟键. 基于平衡记分卡分析框架的企业并购整合研究[D]. 重庆大学硕士学位论文，2005.

1. 强调战略整合的研究

企业资源基础论的兴起，使学者意识到可以运用该理论进行企业并购研究。该研究主要集中在并购中资源整合的价值创造方面。Eckbo 提出并购中要对不同资源进行有效利用，整合过程中将会产生不同的协同效应①；Haspeslagh 对并购整合模式的概念进行了详细解释，认为整合模式的选择取决于并购双方的战略依赖性和组织独立性。战略依赖性指目标企业在产业方向、市场或技术能力方面与并购企业的匹配程度；组织关联性是指目标企业与并购企业在文化、人员、管理方面的匹配程度。根据并购双方的战略依赖性的需求和组织独立性的需求，提出了并购中资源整合的四种模式，即吸收式整合模式、保护式整合模式、共生式整合模式和控制式整合模式（整合模式矩阵图如图 1-1 所示）②；Lajoux 将并购后的整合分为资源整合、流程整合以及企业责任整合，其中资源包含有形资源和无形资源，流程包括管理系统和技术与创新系统等，企业责任包括对所有利益相关者的责任③。

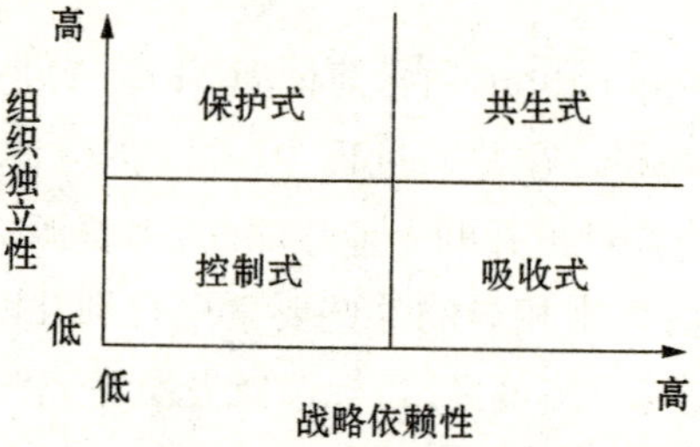

图 1-1　Haspeslagh 并购整合模式矩阵图

国内学者陈小平以系统的观点建立并购整合模型，该模型包括两个层面，即定位层面、执行能力层面；五个模块，即公司方向、市场、资源、运营能力、组织文化④；姚水洪认为，并购整合是一个系统过程，包括并购方和被并购方系统、并购

① B. Espen Eckbo. Horizontal mergers, collusion, and stockholder wealth[J]. Journal of Financial Economics, 1983,11(4): 241-273.

② P. C. Haspeslagh, D. B. Jemison. Managing Acqusitions: Creating Value Through Corporate Renewal[M]. New York: the Free Press,1991.

③ Alexandra Reed Lajoux, The Art of M&A Integration: A Guide to Merging Resources, Processes and Responsibilities[M]. New York:McGraw-Hill, November 1, 1997.

④ 陈小平. 战略整合模型研究[J]. 外国经济与管理，2001(7)：19-24.

整合的阶段性系统和并购整合内容系统三个子系统；实现并购真正价值的关键是处理好并购子系统的关系并进行有效的整合管理[①]；秦剑通过实证分析，建立了企业并购整合的四种战略：保留型、共生型、控股型和吸收型，诠释了战略整合对企业并购成功的重要作用[②]；杜卓君等从多角化战略出发，从价值链分析角度对企业并购后的整合提出了相应的解决模式，即：主导型多角化战略的并购整合—价值链延伸；相关型多角化战略的并购整合—价值链扩散；非相关型多角化战略的并购整合—价值链互补[③]；戴丽萍分析了战略演进的路径依赖特征，阐述了并购双方战略整合的内容，并依据战略依赖性和组织独立性矩阵图，构建了并购双方企业战略的四种整合模式：控制式、吸收式、保护式和共栖式[④]。

2. 强调人力资源整合的研究

美国学者 Pritchett 等将人力资源理论引入企业的并购研究，分析财务、战略和组织结构方面的整合问题，指出尽管并购以及随之而来的变革往往都受到抵制，但抵制背后的员工的心理却是因人而异的，有些人是明显表达这种抵制情绪，有些却是不自觉地进行抵制[⑤]；李前兵考察了战略联盟人力资源管理的基本特征，提出了联盟人力资源的整合模型，主要包括共同愿景、人才配置整合、观念整合和利益整合四个变量[⑥]；颜士梅、王重鸣运用深度访谈法和内容分析技术得出中等水平人力资源整合通常采用代理式整合模式，而高整合水平通常采用亲理式整合模式[⑦]；王宛秋、王淼运用动态能力理论，认为影响技术并购整合成败的关键因素主要包括寻找核心人才、快速投入资源和提高并购整合速度等方面[⑧]。

---

① 姚水洪. 企业并购后的管理整合系统性分析[J]. 科学技术与辩证法，2002，19（5）：74-77.

② 秦剑. 企业并购的战略整合[J]. 财经科学，2005(5)：153-158.

③ 杜卓君，石小平，何英捷. 基于多角化战略的并购整合——一种价值链整合模式[J]. 经济体制改革，2005(1)：48-50.

④ 戴丽萍. 并购双方企业战略整合管理研究[J]. 工业技术经济，2006(7)：18-22.

⑤ P. 普里切特，D. 鲁滨逊，R. 克拉克森. 凌晓萍译. 并购之后：如何整合被收购公司[M]. 中信出版社，1999：35.

⑥ 李前兵. 战略联盟中人力资源整合模式探讨[J]. 商业时代，2005(24)：38-40.

⑦ 颜士梅，王重鸣. 并购式内创业中的人力资源整合水平和模式研究[J]. 浙江大学学报(人文社会科学版)，2009(1)：178-189.

⑧ 王宛秋，王淼. 基于动态能力观的技术并购整合研究[J]. 经济问题探索，2009(3)：123-129.

3. 强调文化整合的研究

项保华等基于并购公司组织文化强弱和并购双方业务领域相关性的考量，提出四种并购整合模式及其操作建议，具体包括强组织文化公司实施非相关业务并购战略，弱组织文化公司实施非相关并购战略[①]；崔保军提出文化整合的五种模式，即吸纳式、融合式、促进式、分离式和消亡式[②]；刘永谋等在对有关企业并购的实证调查研究基础上，分析了并购企业文化整合的制约因素，探讨了并购企业文化整合的三种主要模式，即注入式、融合式和促进式[③]；张德茗等认为文化整合存在四种整合模式，即吸纳式、分离式、渗透式、消亡式，并应用系统动力学方法，建立了并购企业文化整合沟通的微分动力学模型，分析了并购企业文化融合程度的控制参数[④]。

4. 强调知识和能力整合的研究

企业知识理论认为，企业掌握的知识决定了企业资源配置能力、资源创造能力和资源保护能力。Chaudhuri 认为，在企业并购过程中，知识转移受到企业文化、组织结构、人力资源等方面整合的影响，文化冲突、组织结构调整以及人力资源整合导致的企业利益机制冲突造成知识转移困难[⑤]；Boutellier 等提出，并购过程中应将知识特征与整合模式有机结合，同时根据知识的可观察性与可转移性，建立基于知识的并购整合模式选择模型[⑥]。

王长征提出，企业并购的价值创造源自整合过程中的能力管理，并构建了并购整合过程的能力管理框架，指出整合过程中应完成能力保护、能力转移和能力发展三项根本任务[⑦]；管述学、庄宇认为，企业的核心能力有基础态、亚状态和成熟态三种状态，而在这三种状态的影响下，并购整合有五种模式：强入模式、吸收

---

① 项保华，殷瑾. 购并后整合模式选择和对策研究[J]. 中国软科学，2001(4)：56-59.

② 崔保军. 企业并购后的文化整合模式及选择[J]. 企业活力，2007(3)：70-71.

③ 刘永谋，钟荣丙. 企业并购的文化整合模式及路径[J]. 商业时代，2007(7)：109-110.

④ 张德茗，董炉宝. 并购企业文化整合与沟通的模型研究[J]. 统计与决策，2009，(15)：186-188.

⑤ Chaudhuri，S.，B. Tabrizi. Capturing the Real Value in High-tech Acquisitions[J]. Harvard Business Review，1999，77(5)：123-130.

⑥ R. Boutellier，O. Gassmann. R&D Acquisition Success. The Role of Knowledge Characteristics and Early Stage Integration[C]. Paper for Doctoral Seminar "Innovation Management in Transnational Companies" Winter. 2003/2004.

⑦ 王长征. 并购整合：通过能力管理创造价值[J]. 外国经济与管理，2000(12)：13-19.

模式、同化模式、分立模式和新设模式[①]；侯汉坡、刘峰分析了并购后基于知识识别的技术创新能力整合管理的策略和步骤，并提出了相应的管理工具和建议[②]；季成等建立了企业并购的知识整合价值链，从价值链各个环节动态研究并购中的知识管理过程，并对瑞士 Ciba-Geigy 公司并购美国 Alza 公司的案例进行知识整合价值链分析[③]。

三、并购整合与持续创新能力的关联性文献综述

1. 并购整合与持续创新能力的联系

并购整合与创新能力的关联性理论基础主要来源于资源管理学派和能力学派。企业能力理论起源于 20 世纪 20 年代马歇尔的企业内部成长论，后来演化为资源管理学派和能力学派两大理论派别，二者既相互独立又互为补充。二者都强调企业拥有持续的、独一无二的创新能力的重要性，同时也指出了通过并购的方式能够提高创新能力。

1）资源管理学派

资源管理学派的基本思想是把企业看成资源的集合体，将目标集中在资源的特性和战略要素市场方面，并以此来解释企业的可持续优势和相互间的差异。Barney 在企业资源的两个基本假设（即不同企业拥有不完全相同的能力和资源，不同企业的能力和资源不是完全流动的）基础上，提出企业获得持续竞争优势应具备的四要件，即稀缺性、难以模仿性、价值性和不可替代性[④]。

根据该理论，如果企业拥有的资源是能够创造价值的、稀缺的，并且依赖于企业的隔离机制或资源壁垒使得竞争对手难以模仿，也没有其他资源可以替代，那么该企业就能够获得超额利润和持久竞争优势。该理论强调企业内部资源和能力的重要性，为并购整合提供了重要前提，即被并购方拥有关键性资源。企业可以将现有资源和被并购方独特的资源进行融合，创建更大的资源共同体，从而

---

① 管述学，庄宇. 基于核心能力的企业并购整合模型研究[J]. 软科学，2005(1)：92-96.

② 侯汉坡，刘峰. 以提升创新能力为目标的技术并购整合管理研究[J]. 中国科技论坛，2007(3)：90-93.

③ 季成，朱晓明，任荣明. 基于知识整合价值链的企业并购知识整合研究[J]. 研究与发展管理，2007(12)：78-84.

④ Barney J B. Firm Resources and Sustained Competitive Advantage[J]. Journal of Management，1991，17(1)：99-120.

建立持续竞争优势。

2）能力学派

能力学派有关动态能力的论述具有重要价值。Teece 等首次提出了动态能力的概念，将动态能力定义为企业整合、建立和再配置内外部资源，以适应快速变化的环境的能力[①]。不断创造新的竞争优势是动态能力理论的战略导向。企业所处的市场环境是不断变化的，所有的竞争优势都是暂时的，若固步自封则会导致运营失败，因此企业必须积极响应外部机会，同时与其他机构和组织进行合作，在重构内外部资源的基础上，建立一系列新的竞争优势，从而保证企业的可持续发展。基于动态能力的战略实质上就是创新战略，即按照灵活性和敏捷性的原则动态设计组织结构和系统，使企业在重构内外部资源的过程中，重新发现新的创新机遇，培养企业的动态能力，为企业拓展潜在的盈利空间。

随着信息网络技术迅猛发展，许多跨国公司发现，不能局限于其现有的能力，只有持续评估并发展自身能力，创造并保持企业持续竞争优势，才能对环境变革迅速作出反应。而通过并购整合的方式提高持续创新能力，成为重构企业资源的重要方式。

2. 并购整合提高企业持续创新能力的研究

国外学者 Cohen 等认为，竞争形势的迅速变化给企业留下内部开发资源的时间越来越短，业务部门应通过并购从外部市场获得新资源或将现有资源用于新用途[②]；Jenson 指出并购可以通过利用特定资源创造价值[③]；John 等明确提出在科技型企业并购中，并购相关产业的企业的经济效益要优于并购非相关产业企业，并且认为企业并购整合过程中，战略和组织的运用得当对促进公司发展起着至关重要的作用[④]；Annette 对 7 个并购案例进行了研究，提出并购过程中双

---

① Teece, D. J. Explicating dynamic capabilities: The nature and microfoundations of sustanable enterprise performance[J]. Strategic Management Journal, 1997 (28): 1319-1350.

② Cohen, W. M., Levinthal, A. Absorptive capability: A newprospective on learning and innovation[J]. Administrative Science Quarterly, 1990(35): 128-152.

③ Jensen, M. C., R. S. Ruback, The Market for Corporate Control: The Scientific Evidence[J]. Journal of Financial Economics. 1993: 5-50.

④ John Hagedoorn, Geert Duysters. The Effect of Mergers and Acquisitions on the Technological Performance of Companies in High-tech Enviroment[J]. Elidoven Center for Innovation Studies. The Netherlands: Working Paper.

方能力和技术渗透的经验模型①;Lookabaugh 对不同规模企业创新和并购创新背景进行分析,提出创新收购是企业创新发展中的重要途径之一,并通过对私有企业的调查中发现,创新收购比 IPO 更有效②。

国内学者在通过并购整合方式获得持续创新能力方面进行了探索性研究。魏江提出了通过并购整合提升技术能力的矩阵图③;刘金雄通过数理分析论证,提出在交易成本既定的条件下,企业的有效规模取决于企业的创新能力;创新能力越强,企业的有效规模越大,并首次提出企业并购增值所应满足的条件和产权激励定量模型,着重探讨了并购如何促进企业创新④;陈德智、肖宁川提出了自主、引进、合作、并购四种具体的技术跨越模式,同时提出并购提升创新能力的三种途径,即能力获取、重组整合和互补强化⑤;邓乐元、成良斌根据技术创新的理论,分析了企业并购对技术创新正反两方面的影响⑥;余海燕认为上市公司通过并购创新企业能够带来资产质量的改善,并促进整个产业创新,因此上市公司利润的增长应与并购创新企业建立关联性⑦;姚伟坤、陶学禹指出并购中的技术能力整合是企业获取竞争优势的重要途径,认为技术能力整合受到并购企业间技术关联、技术消化吸收能力、技术本身特点等因素的影响,同时分析了技术能力整合在管理中存在的问题,并基于流程的框架对并购的技术能力整合提出建议⑧;柳卸林、简明珏通过分析京东方科技集团有限公司并购一家韩国公司以进入 TFT-LCD 产业的过程,总结了这种技术跨越式兼并的得失,指出了中国企业在进行此类兼并中常出现的错误和面对的挑战⑨;白杨提出并购是实现技术创

---

① Ranft, Annette L. Lord, Michael D. 1Acquiring New Knowledge: The Role of Retaining Human Capital in Acquisitionsof High Tech Firms[J]. Journal of High Technology Management Research, 2000, 11(2):295 - 320.

② T. Lookabaugh. Innovation by Acquisition [C]. Engineering Management Conference, 2002 IEEE International, 2002(1): 316-321.

③ 魏江. 企业技术能力理论[M]. 北京:科学出版社,2002.

④ 刘金雄. 企业创新与企业并购增值理论研究[D]. 天津:天津大学,2002:20.

⑤ 陈德智,肖宁川. 并购——技术跨越模式研究[J]. 科技管理研究,2003(2): 65-67.

⑥ 邓乐元,成良斌. 企业并购对技术创新的影响[J]. 科技与管理,2004(2): 108-110.

⑦ 余海燕. 上市公司并购创新企业的战略行为研究[D]. 复旦大学,2005:34.

⑧ 姚伟坤,陶学禹. 并购中的技术能力整合研究[J]. 科技进步与对策,2006(12): 33-35.

⑨ 柳卸林,简明珏. 如何通过国际兼并提高技术创新能力——京东方的并购与创新[J]. 中国软科学,2007(12):73-82.

新战略的有效方式之一，并将基于技术创新的战略并购划分为产业整合型并购、产业扩展型并购和新产业构建型并购①；侯汉坡等认为企业应通过技术并购的方式提高持续创新能力，并提出了技术并购实施形式，即技术互补型、技术完善型和进入新领域型，同时依据各个并购形式提出隔离整合模式、全面整合模式和界面整合模式②。

四、目前研究综合评价

纵览目前国内外研究现状，国内外学者以不同视角对并购整合进行了研究，对持续创新能力研究也给予越来越多的关注，同时对并购整合与创新能力的关联性进行了相关论证，但对于如何通过并购整合方式有效提高持续创新能力方面，目前研究存在以下两方面的问题：

(1) 缺乏对基于持续创新能力的并购整合过程的战略体系规划研究。目前即使少数学者开始研究通过并购整合方式提升创新能力，但主要侧重于并购整合的某个方面的研究，如人力资源整合、文化整合等等，造成在整个并购整合过程中缺乏明确的战略导向，并且缺少将并购战略进行有效实施的方法。

(2) 缺乏对基于持续创新能力的并购整合过程进行复杂性研究。基于持续创新能力的并购整合过程是包含多层次、多因素的综合性体系，是具有非线性、动态性、大规模的复杂系统，而目前多数理论主要从单一因果角度对该复杂系统进行线性思考，导致认识上出现偏差。这就需要采用能够处理高阶非线性、多重反馈、复杂时变问题的方法进行分析研究。

第三节　主要研究方法

根据国内外研究中存在的不足，本书提出了动态战略地图研究方法。动态战略地图方法是将战略地图方法与系统动力学方法相结合，以有效解决目前研究在战略体系规划分析和复杂性分析方面存在的问题。本书首先对战略地图方法和系统动力学方法的优缺点进行分析，然后在此基础上建立动态战略地图

① 白杨. 基于技术创新战略的发电集团并购中价值评估的研究[D]. 北京交通大学，2008：45.

② 侯汉坡，殷晓倩，刘春成. 基于技术并购的企业持续技术创新体系及实施方式研究[J]. 中国科技论坛，2009(6)：51-54.

方法。

一、战略地图方法分析

战略地图方法是在平衡计分卡的基础上发展而来的。战略地图的核心思想是在一系列指标间形成平衡，注重考察各个维度、各个指标之间的因果关系，构建从学习与成长维度到内部流程维度，再到客户维度，最后到财务维度的因果关系链，形成制定战略、实施战略及战略绩效评价的有效分析方法。

战略地图方法主要有以下优点：①有效建立系统各组成部分的平衡。战略地图具有平衡计分卡的优点，即达到多方面的兼顾和统一[①]。财务指标和非财务指标的统一，全面描述了企业战略目标；前置指标与滞后指标的统一，使得战略目标的实现条件相互补充；长短期指标的统一，使得企业的行动步骤相互协调；②建立各个战略维度关系图示，便于战略实施。战略地图通过概念图示方式进行表达，使战略语言含义更易被理解，从而便于管理者按照战略地图所提示的目标和措施进行战略实施和管理。

战略地图方法也存在不足之处，主要表现在：①缺少明确的信息反馈。战略地图主要强调各个维度和指标之间的相互影响关系，以及面对各个战略子目标所需要采取的行动，却难以表现系统运行中的多重反馈和非线性关系，容易造成对复杂现象理解的片面性[②]；②缺少时间延迟。战略地图主要从同一时间维度进行分析，注重考察当前各个指标之间的相互联系，却难以对管理中出现的渐进式行为进行预先测定[③]。战略地图在处理时间延迟问题上的缺陷，使其难以对系统行为作出准确判断。

二、系统动力学方法分析

系统动力学是专门研究信息反馈系统的学科，主要用于处理高阶非线性、多重反馈、复杂时变系统。系统动力学解决问题的思路是采用系统分析和综合推理的方法，运用“白化”技术，构建结构—功能模拟模型，为分析和处理复杂系统

---

① 李延喜，张悦玫，李宁. 基于战略地图的战略性绩效评价体系研究[J]. 科研管理，2005，26(1)：145-152.

② Norreklith The Balance on the Balanced Scorecard—A Critical Analysis of Some of Its Assumptions [M]. Management Accounting Research，2000：65-88.

③ 易柱勤. 基于动态平衡计分卡的高校绩效评价研究[D]. 黑龙江：哈尔滨理工大学，2009：21.

提供了有效方法和手段。

作为社会系统的政策模拟实验室，系统动力学分析方法主要有以下优点：①擅长处理反馈问题和延迟问题。社会系统往往存在复杂高阶反馈，并带有明显的延迟现象，一般的研究方法难以对其进行有效分析。系统动力学通过建立因果反馈回路和设置延迟变量，能够有效解决反馈问题和延迟问题；②擅长对系统发展趋势进行研究。系统动力学借助 Vensim 软件以及软件中自带的公式，通过构建系统动力学模型，配合以数学分析和计算机仿真模拟技术，能够针对复杂社会问题的长期发展变化趋势进行分析，以揭示复杂系统的发展变化规律。

系统动力学分析方法的主要缺点是缺乏构建系统因果关系的有效工具。复杂系统往往涉及社会众多方面，如果要全面真实地描述系统，就必须对所有的影响因素及因素间的因果关系进行分析。系统动力学方法缺少像战略地图那样能够有效分析系统影响因素之间因果关系的方法。

三、动态战略地图构建步骤

根据战略地图与系统动力学各自的优缺点，本书以战略地图与系统动力学理论为基础，将战略地图的因果关系分析方法融入到系统动力学因果关系图中，利用系统动力学流图对因果关系图进行高阶非线性处理，并对关键影响因素进行动态模拟分析，以此构建动态战略地图方法。动态战略地图的构建步骤如下。

(1) 确定影响因素及其因果关系。影响因素及其因果关系是动态战略地图的基本构成元素。根据战略地图理论，通过调查分析，确定影响因素指标，并分析学习与成长层面、内部流程层面、客户维度层面和财务层面之间的因果关系，形成动态战略地图的基础。

(2) 建立战略地图。根据各个指标间因果关系，构建战略地图，形成战略规划结构体系。

(3) 建立系统动力学因果关系图和流图。以战略地图为基础，对系统指标和因果关系进行动态性、高阶复杂时变性和非线性量化处理，形成系统因果关系图和流图，确定变量数值和方程式，构建系统动力学模型。

(4) 模型检验。对系统动力学模型进行结构有效性、单位一致性及模拟检测，以确定模型的有效性。

(5) 模型模拟。运用 Vensim 软件，对系统的关键影响因素进行动态模拟。

(6) 提出政策建议。根据动态模拟分析的结果，结合政策环境，对所研究的对象进行政策设计，提出相关政策建议。

四、动态战略地图特点

动态战略地图方法具有以下特点：

（1）以系统思考为核心思想。战略地图强调系统多方面平衡，从系统整体出发对企业战略进行分析；系统动力学以系统为研究对象，重点关注系统的动态性及反馈分析，是对系统整体进行建模和模拟。两者都从系统的角度进行分析与思考，这是两种方法能够有机结合的基础。

（2）定性化与定量化方法相结合。动态战略地图融合了战略地图在定性化分析上的优势和系统动力学定量分析上的优势。战略地图指标的因果关系链定性描述了企业如何通过特定路径和策略提升企业股东价值[①]；系统动力学通过系统动力学流图对因果关系链进行数量化分析。动态战略地图通过结合战略地图和系统动力学的优势，从定性和定量两方面全面分析系统内在规律。

（3）以因果关系为联系纽带。战略地图和系统动力学结合的纽带是系统因果关系。战略地图是在系统变量因果关系的基础上，构建描述战略和实施策略的基本框架；战略地图向系统动力学因果图及流图转换，同样是基于变量间的因果关系。动态战略地图以系统因果关系为纽带，在战略地图、系统动力学因果图和流图之间相互转变，相辅相成，形成动态战略地图的内在合理逻辑关系。

第四节　研究思路

本书针对我国汽车产业持续创新能力较弱的问题，运用动态战略地图方法，围绕如何通过并购整合方式提升持续创新能力这一目标展开研究。首先，在对中外汽车产业现状分析及中国汽车产业持续创新能力分析的基础上，选取汽车产业上市公司样本进行实证研究。通过运用因子分析法，采用 SPSS 统计软件处理数据，分析近年来中国汽车产业并购前后综合绩效的变化以及并购综合绩效与持续创新能力的关联性。针对实证结果，采用德尔菲法，确定影响并购整合的关键因素，并运用动态战略地图方法，对关键因素之间的因果关系进行分析，提出基于持续创新能力的中国汽车产业并购整合模式，并对并购整合模式进行高阶非线性、多重反馈、复杂动态模拟，提出政府的政策建议，以促进中国汽车产业通过并购整合方式提高持续创新能力。本书的研究框架结构如图 1-2 所示：

① 鞠宇平. 基于战略地图的企业战略无形资产评估[D]. 江苏：东南大学，2005：10-11.

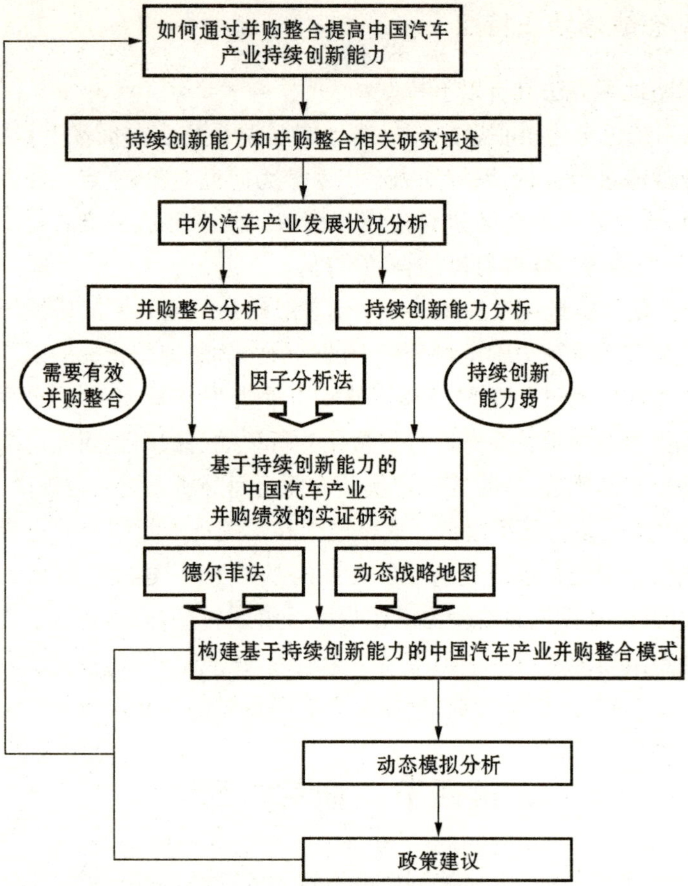

图 1-2　论文框架结构图

第五节　研究内容

本书研究内容分为以下七个部分：

第一章：绪论。对本书的研究背景、文献综述、研究方法、研究思路、研究内容以及创新之处进行简要概述。

第二章：中外汽车产业发展状况分析。对中国汽车产业发展状况对比分析，并对并购整合发展的历程和格局进行分析。

第三章：中国汽车产业持续创新能力分析。根据持续创新能力内涵，定义中国汽车产业持续创新能力概念，并对中国汽车产业持续创新能力的现状进行分析。

第四章：基于持续创新能力的中国汽车产业并购绩效的实证研究。运用因子分析法，通过SPSS统计软件处理数据，对基于持续创新能力的中国汽车产业并购绩效进行实证分析，研究中国汽车产业并购整合的综合绩效变化以及与持续创新能力的关系。

第五章：基于持续创新能力的中国汽车产业并购整合模式结构研究。运用德尔菲法，确定基于持续创新能力的中国汽车产业的并购整合过程中的关键影响因素，并运用动态战略地图方法，分析关键影响因素的因果关系，构建基于持续创新能力的中国汽车产业并购整合模式结构。

第六章：基于持续创新能力的中国汽车产业并购整合模式及其动态模拟分析。利用系统动力学方法分析并购整合模式的影响因素间的因果关系，建立因果关系图，形成系统动力学流图，构建基于持续创新能力的中国汽车产业并购整合模式，并进行高阶非线性、多重反馈、复杂动态模拟分析。

第七章：提出政策建议。在以上研究基础上，从政府层面提出政策建议，以有效促进中国汽车产业通过并购整合方式提高持续创新能力。

最后是结论。总结全书研究结论的同时，提出研究不足之处和进一步深入研究的方向。

第六节　研究创新点

（1）针对目前研究在战略规划分析和复杂性分析方面存在的问题，构建动态战略地图方法。

（2）界定基于持续创新能力的中国汽车并购整合模式的概念，并构建基于持续创新能力的中国汽车产业并购整合模式。

（3）对基于持续创新能力的中国汽车产业并购整合关键因素进行动态模拟分析，提出政策建议，为政府决策提供借鉴和依据。

第二章

中国汽车产业发展状况分析

第一节　世界汽车产业发展状况分析

一、世界汽车产业发展历程

世界汽车产业已经历了一个多世纪的发展，汽车产品、技术、生产体制和竞争格局等方面经历了若干重大变革。从汽车产业格局方面分析，汽车产业诞生于德国，加上法国人对传动系统改良，使欧洲汽车公司占据了世界汽车工业发展初期的统治地位。在随后的发展过程中，世界汽车工业经历了三次巨大变革。第一次重大变革是美国福特汽车公司发明汽车装配流水线作业法，加速推动了美国汽车工业的发展。第二次变革是欧洲通过发动机前置前驱动、发动机后置后驱动、承载式车身以及微型节油车等多品种的生产方式，打破了美国汽车公司在世界汽车产业的长期垄断地位。20 世纪 70 年代末，欧洲汽车公司的汽车总产量和乘用车产量均超过了美国。第三次变革是以丰田为代表的日本汽车公司通过完善生产管理体系，全力发展物美价廉的经济型轿车。1980 年日本乘用车产量超过美国，1985 年日本汽车产量超过欧洲。世界汽车产业经过以上阶段变革，基本上形成了美、欧、日三足鼎立的局面[①]。

随着科学技术水平的提高和国际贸易的快速发展，开始打破地域限制，国家和地区彼此之间的联系愈加紧密，经济全球化效应日益明显。目前汽车产业是全球化程度最高的产业之一，当今世界汽车集团大多是全球化发展和经营的跨国集团公司。

汽车产业全球化的领域涉及企业价值链的各个方面。就近年的情况看，跨

① 闫立罡，吴贵生. 世界汽车业强国地位的演变及其对我国的启示[J]. 中国软科学，2004(10)：41-49.

国汽车集团越来越强调技术方面的全球化。技术的全球化主要表现在研发和车型设计方面。跨国集团公司开始建立国际技术联盟，联合其他更多企业合作研发，建立关键技术共享平台，使技术利用的速度和强度的扩散大大加快。同时在世界各地建立研发中心，使跨国公司便于融合当地各种资源，生产更加符合当地人喜好的汽车产品。

二、世界汽车产业格局分析

在经历了2008年金融危机后，2009年世界各主要汽车生产国的汽车产量普遍下降。经过各国政府和汽车企业的共同努力，2010年世界汽车产量基本得到恢复。根据国际汽车制造商联合会(OICA)公布的数据，2010年全球汽车产量为7761万辆，比2009年增长25.8%[①]。世界主要汽车生产国汽车产量如表2-1所示：

表2-1　2001～2010年世界主要汽车生产国汽车产量　(单位：万辆)[②]

年份	美国	德国	法国	意大利	英国	日本	韩国	印度
2001	1142	569	363	158	169	978	295	81
2002	1228	547	360	143	182	1026	315	89
2003	1211	551	362	132	185	1029	318	116
2004	1199	557	367	114	186	1051	347	151
2005	1195	576	355	104	180	1080	370	164
2006	1126	582	317	121	165	1148	384	202
2007	1078	621	302	128	175	1160	409	225
2008	871	604	257	102	165	1156	381	231
2009	571	521	205	84	109	793	351	263
2010	776	591	223	86	139	963	427	354

目前全球汽车产业的生产重心正在逐渐向中国、俄罗斯、印度和巴西等国家

---

① 宏源汽车组. 汽车产量世界第一，忧冷热不均[EB/OL]. 宏源证券，2011年03月20日.

② 世界汽车制造商协会. 世界主要汽车生产国汽车年产量排名[EB/OL]. (2010-02-03). [2010-11-10]. http://quejh97nju.blog.163.com/blog/static/168519632201010101119597/.

转移。2010年以上四国的汽车销量达2650万辆，同比增长30%，占世界销量的32.6%。尽管这些国家的汽车产量增长势头迅猛，传统汽车强国在全球车市的产量有所下降，但欧美发达国家汽车企业产量依然占30%左右的比重①。

当今世界汽车生产厂商仍然主要集中在欧洲、美洲和亚太地区。这些汽车产业历史悠久的地区集中了全球主要的大汽车集团，主要包括丰田汽车公司、通用汽车公司、大众汽车公司、福特汽车公司、现代起亚汽车公司、本田汽车公司、日产汽车公司、标致雪铁龙公司、铃木汽车公司和菲亚特汽车公司等。

2008年金融危机的爆发以及持续的国际高油价压力，使世界汽车市场格局发生了较大变化。2008年丰田汽车公司销量超越美国通用汽车公司，以丰田汽车公司为代表的日系车在美国市场的市场占有率逐年增加，并几乎超越美国三大汽车巨头，日系汽车集团的全球汽车产业综合排名日益提升；2009年通用汽车申请破产，由国家控股的"新通用"诞生；2009年克莱斯勒与菲亚特组成全球战略联盟，菲亚特重组克莱斯勒；2009年如果仅以销量统计，中国上汽集团超越铃木汽车公司，以272万辆的销量进入了全球前十大汽车集团。

根据2010年全球前十大汽车集团销量排名（如表2-2所示），2010年日本丰田汽车公司销量依旧居于榜首，但是受汽车召回事件的影响，全球销量同比增幅与其他汽车集团相比明显偏低，只有8%的增速，与第二位通用汽车的销量差距从2009年的30多万辆缩小至3万辆。本田汽车公司的"日本第二大汽车企业"的位置已经被后来居上的日产汽车公司所取代，其全球销量的同比增速在前十大汽车集团中是最低的，只有5%；德国大众汽车全球销量714万，同比增幅达13.5%；韩国的现代起亚汽车公司迅速崛起，是2010年十大汽车集团中销量增幅最大的汽车企业，排名从第五位上升至第四位②。

表2-2　2010年全球前十大汽车集团排名表　（单位：万辆）

排名	汽车公司	2010年销量	2009年销量	同比增速
1	丰田	842	781	8%
2	通用	839	748	12%

①　搜狐汽车研究室."2011全球汽车产业白皮书"开启复苏之路[EB/OL].（2011-04-15）. http://auto.sohu.com/20110415/n305889063_1.shtml.

②　搜狐汽车研究室."2011全球汽车产业白皮书"开启复苏之路[EB/OL].（2011-04-15）. http://auto.sohu.com/20110415/n305889063_2.shtml.

（续表）

排名	汽车公司	2010 年销量	2009 年销量	同比增速
3	大众	714	629	13%
4	现代/起亚	574	463	24%
5	福特	552	491	12%
6	日产	408	336	22%
7	PSA 标致雪铁龙	360	320	13%
8	本田	356	339	5%
9	雷诺	263	231	14%
10	铃木	246	231	7%

三、世界汽车产业并购发展分析

从世界汽车产业市场结构方面分析，高度寡头型结构逐步成为主流。汽车产业发展和市场需求越接近于成熟阶段，市场的开放程度越高，寡头型特点就越突出。20 世纪 90 年代以来，大规模的汽车产业并购不断发生。仅 1997 年世界汽车产业就发生了 700 多起并购事件，交易总额将近 300 亿美元；1998 年德国戴姆勒-奔驰公司和美国第三大汽车公司克莱斯勒的合并，涉及的市场资本高达 920 亿美元，成为世界工业史上最大的兼并案，这一并购行为引起了全球范围内的并购风潮。美国通用汽车与菲亚特汽车公司建立了合作，福特汽车收购了路虎汽车和沃尔沃汽车公司。经过一系列的并购活动，到 2001 年全球汽车市场格局基本呈现“6＋3”格局，即通用系、福特系、克莱斯勒系、丰田系、大众系、雷诺系六大汽车集团，外加本田、宝马、标致雪铁龙三个独立制造商。

近年来相对稳定的世界汽车产业格局再次发生变动，跨国汽车联盟相继解体，汽车产业格局逐渐发生改变。2005 年菲亚特集团召开特别董事会，正式决定与美国通用汽车公司解除合作协议；2007 年戴姆勒-克莱斯勒分道扬镳；印度 TATA、韩国现代集团、中国上汽、一汽以及广汽集团，这些原本处于汽车版图上第三世界的企业依托本国新兴市场的潜力迅速崛起；2009 年大众汽车与保时捷批准了双方的合并计划。欧洲汽车企业期望借助金融危机的机会调整全球汽车产业格局，复兴欧洲汽车产业。

世界汽车零部件企业也发生了规模庞大的并购业务。零部件企业进行重组的主要原因在于整合相关业务，集成模块，培育和强化其核心能力，以适应整车企业模块化组装和全球采购的趋势。世界汽车市场结构已经转变为寡头垄断型。经过新一轮的洗牌，目前世界汽车零部件产业，超过100亿美元营业额的只有德国的博世公司、法国的米其林公司、日本的石桥公司以及美国的德尔福公司和维世通公司。这些大型零部件企业的业务范围主要集中在动力、底盘、车身和内饰等方面。

第二节　中国汽车产业发展状况分析

一、中国汽车产业的发展历程

中国汽车产业发展历程可分为以下四个阶段：

第一，起步初创阶段（建国初期～80年代初）。

建国初期，中国的汽车专业人才非常短缺。中国于1950年聘请苏联专家进行汽车制造厂的设计工作。1953年7月，第一汽车生产基地举行奠基仪式，历时三年建成中国第一汽车制造厂。一汽的建成是中国汽车史上具有重要历史意义的里程碑。1956年国产第一辆解放牌载货汽车下线。1958年一汽成功试制了CA71型东风牌小轿车和CA72型红旗牌高级轿车。

由于汽车产业对消费经济的巨大拉动作用和全国实行企业下放的政策，各省市在1958年后纷纷加入到汽车产业的建设中，形成了中国汽车产业发展史上的第一次热潮。中国汽车制造厂迅速增长到16家，汽车改装厂增加到28家。1964年我国政府决定建设第二汽车制造厂、四川和陕西汽车制造厂。二汽以生产越野车为主，四川和陕西汽车制造厂以生产重型载货汽车为主。二汽是我国自行设计、由国内提供相关装备的整车厂。二汽采用了当时国内最先进的生产技术和设备，仅从国外引进了5%的关键设备。二汽的发展代表中国汽车产业经过消化、吸收引进技术和自主开发，迈上了一个新台阶。截止1965年底，我国汽车产业总投资已达到11亿元，发展了军用改装车、民用消防车、救护车、牵引车和客车等9个车型，民用汽车保有量近29万辆①。

由于国民经济的发展，汽车到70年代面临供不应求的局面，中央政府再次鼓励地方政府发展汽车产业，汽车产业进一步得到发展。全国汽车制造厂到

① 吴晓芬.我国汽车行业并购行为研究[D].福建：福建师范大学，2008：19-22.

1976年增加到66家,汽车改装厂增加到166家。整车厂形成了以载货汽车和越野汽车为主的汽车产品体系,零部件厂也得到快速发展。1980年中国民用汽车保有量169万辆,其中载货汽车148万辆。

这一时期中国汽车产业是在封闭的、高度计划集中的环境中逐步发展的。在计划经济体制条件下实行高关税、高国产化和高保护的"三高"政策,在汽车服务贸易环节实行严格限制外商参与的政策,以保护我国汽车产业的发展。这种发展方式导致中国汽车产业与世界汽车产业发展脱节,使汽车产业在经济上缺乏创新动力,在技术上缺乏创新能力。在这一时期,中国汽车产业虽然产量有所增加,但是低水平重复建设、技术进步缓慢等问题比较严重。

第二,开放成长阶段(80年代～1993年)。

随着改革开放政策的落实,计划经济模式逐渐向市场机制让出主导权,市场需求的增长开始带动汽车产业的发展,大量的地方汽车企业应运而生,中国汽车产业形成了上海、天津、重庆、北京等生产基地。

随着经济的复苏,人均国民收入和消费水平的不断提高,增加了对汽车的需求量。1987年在中央和地方政府的合作下,上海轿车工业项目开始了大规模建设,这也标志着中国轿车工业现代化历程起步。此后在全国各地陆续建立了8个轿车生产点,轿车产量从1986年的l.25万辆增加到1993年的23万辆。世界著名汽车集团通过合资企业的形式陆续进入中国市场。德国大众汽车公司在中国的合资企业有一汽大众和上海大众,日本的丰田和本田公司分别与广汽建立合资企业等等。

这一期间中国汽车产业主要通过技术引进、消化吸收和建设改造并举的方式,进入了开发发展的阶段。汽车生产能力有了较大提高,汽车总产量从1979年的1.8万辆增加到1991年的71万辆;同时汽车产业的产品结构也由单一的重型载货车转变为以重型载货车为主,重型、轻型、微型货车等多品种商用车、专用车和客车同步发展格局,但汽车产量水平偏低、产品生产分散以及缺少关键零部件厂家等问题依然严峻。

第三,高速发展阶段(1994年～2007年)。

在申请加入世贸组织的背景下,汽车产业将面临广泛国际合作的同时,也面临着激烈竞争。中国政府于1994年颁布《汽车行业产业政策》。该政策提出了20世纪末与21世纪初汽车产业发展的方针、措施和方向,标志着中国汽车产业进入了新的发展时期。该政策对于促进汽车消费,尤其是私人汽车消费具有积极的促进作用,同时有助于促进汽车企业集团化、产品系列化、生产专业化,以有效利用我国汽车工业已有的基础，优化产业组织结构。1998 年我国汽车年产量排名进入世界前十，达到 162.8 万辆，特别是商用车产量达到世界第三，产量为 112.1 万辆；到 2001 年，我国汽车总产量排名世界第六名，达到 234 万辆。此外，该阶段的产品系列得到进一步完善，基本车型增加到约 125 种，改装车型增加到约 755 种。

2004 年国家又颁布了新的《汽车产业发展政策》，从产业结构、产业组织、产业技术等方面进行了详细规定。从产业结构上，鼓励企业间战略重组，以资产重组方式发展大型汽车企业集团；鼓励企业以优势互补、资源共享合作方式结为企业联盟，鼓励企业联盟尽快形成以资产为纽带的经济实体；在产业组织层面，对汽车行业的准入条件、退出机制及新建项目的准入条件进行了详细规定；在产业技术上，坚持引进技术与自主开发相结合的原则，支持汽车企业努力掌握汽车车身开发技术，突出发展节能环保、可持续发展的汽车技术等。2004 年后颁布的汽车产业政策的最终目标是将汽车产业尽快建设成为国民经济的支柱产业。2007 年末在上汽与南汽合并之后，上汽成为国内第一大车企，紧随其后的是一汽、东风、长安，被称为国内汽车四大汽车集团。在这四大汽车集团的带领下，国内基本形成了以长三角、东北、京津、中部、西南、珠三角为代表的六大汽车产业集群。

在这一期间，国家的主要政策倾向于提高产业的集中度和生产规模。由于过分强调规模经济，导致了汽车企业集团为扩大规模而进行盲目投资并购；同时在大规模引进外资的政策下，跨国公司不仅大举进入汽车生产领域，同时向销售、金融等汽车服务领域发展，而对技术尤其是核心技术严格控制；在高新技术零部件上，以全球采购或外商独资或合资为主，对我国汽车产业的自主品牌建设和产业结构调整产生了重要影响。

第四，产业政策调整阶段(2008 年～至今)。

2008 年爆发的全球金融危机使中国汽车产业受到强烈冲击。中国汽车销量增长率出现了两个首次，即 1999 年以来首次低于 10%的增长，并首次低于 GDP 的增长。

中国政府于 2009 年 1 月紧急出台了《汽车产业调整和振兴规划》，明确了发展中国汽车产业的八大目标、八大任务和十一项政策措施。该规划将汽车产业的短期政策主要集中在培育汽车消费市场、提升消费信心方面，具体包括鼓励小排量汽车消费、汽车下乡、给予老旧汽车报废等税收及补贴、清理限购汽车等政策，以拉动国内汽车需求，保证国内市场的持续增长；中长期政策则针对汽车产业结构本身，出台以结构调整为主、完善汽车产业重组、支持企业自主创新和技术改造、实施新能源汽车战略、支持汽车生产企业发展自主品牌等政策，加大技术进步和投资力度，推广使用新能源，改善汽车产品结构。

为促进汽车产业结构调整，2010 年国务院颁发实施《关于促进企业兼并重组的意见》。该意见鼓励上市公司以股票为对价实施吸收合并、要约收购、购买资产等并购行为；鼓励资产管理公司、产业投资基金以及 PE 等参与兼并重组，支持符合条件的企业发行股票、债券以及可转债方式为企业兼并重组融资；支持有市场竞争力和品牌优势的各类企业参与国企改革重组；企业兼并重组成为地方政府和国企领导的绩效考核机制中的一项指标。

在这一时期，以金融危机为背景，国家出台了阻止企业效益下滑的振兴措施，使我国汽车产业在应对金融危机中表现突出。在解决了汽车产业如何生存的问题后，提高创新能力特别是持续创新能力成为亟待解决的问题。

二、中国汽车产业总体现状

1. 市场规模分析

我国汽车销量在 2001～2010 年间逐年上升，平均增长率达到了 24.7%；2001～2005 年销量相对较低，2009～2010 年，汽车销量突破千万辆大关，并连续两年处于世界销量榜首，销量和增长率都处于历史高位，2010 年我国汽车年销量1 806万辆，居世界首位，如图 2-1 所示①。

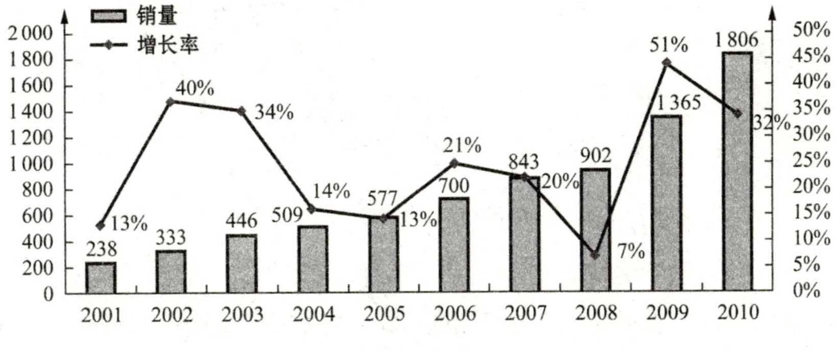

图 2-1　2001～2010 年中国汽车销量及增长率(单位：万辆；%)

① 国务院发展研究中心产业经济研究部等. 中国汽车产业发展报告[M]. 北京：社会科学文献出版社，2011：95.

2. 销售结构分析

在中国汽车市场销售结构方面，乘用车需求增长呈现超高速增长态势。2009 年乘用车需求量达到 865.4 万辆，同比增长 51.8%，对汽车总体市场增长贡献度达到 62.3%；微型客车的增速最快，达到了 85.7%，这主要是由于振兴规划中鼓励大型汽车集团的政策促使各大汽车集团积极发展微车；商用车市场也呈高速增长态势，2009 年商用车需求量达到 307.5 万辆，同比增长 35.5%；2010 年汽车产业的高速成长导致国内竞争格局出现巨大变化，引发了产业布局的更大调整；2010 年中国乘用车产销量分别为1 389.7万辆和1 375.8万辆，同比增幅分别为 33.8%和 33.2%；商用车产销量分别为 436.8 万辆和 430.4 万辆，增幅分别为 28.2%和 29.9%[①]。

在乘用车销售构成方面，2008 年和 2009 年 1.6L 及以下排量乘用车占乘用车总销量分别为 62.1%和 69.6%，2009 年同比增长率达到 71.3%，同时 3L 及以上排量乘用车分别只占总量的 0.5%和 0.24%，2009 年同比 2008 年的增速为负，如图 2-2 所示[②]。

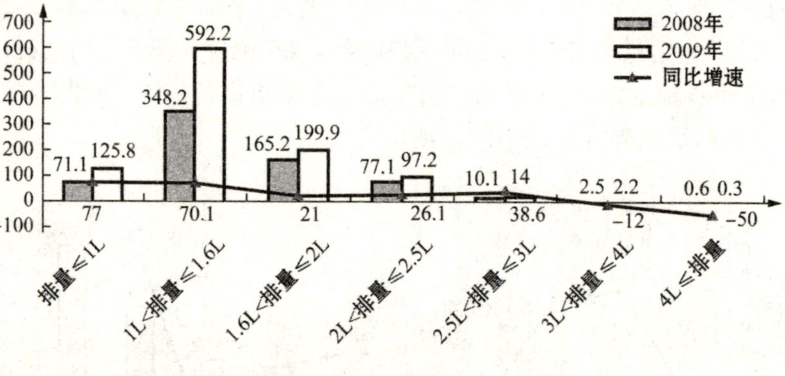

图 2-2　2008～2009 年乘用车分排量销量及同比增速(单位:万辆;%)

3. 中国汽车集团格局分析

目前中国汽车企业主要形成了以上汽、一汽、东风、长安、北汽、广汽、重汽、

---

① 杜伟. 2010 年车市盘点:汽车消费结构调整见成效[EB/OL]. (2011-01-10). http://auto.sohu.com/20110110/n278777625.shtml.

② 金融界. 利好政策刺激 小排量车销售势头转旺[EB/OL]. (2011-08-05). http://news.3158.cn/201108051/n5804126551.html.

奇瑞、比亚迪、吉利、华晨、江淮为主体的整车生产企业,以及其他一些规模较小的整车生产企业和零部件企业。2010 年中国汽车市场销量排名前十位的汽车企业依次是:上汽、东风、一汽、长安、北汽、广汽、奇瑞、比亚迪、华晨和江淮,销量为 1559 万辆,市场占有率为 86.3%,如图 2-3 所示①。2010 年上汽集团是汽车销量第一名,市场占有率与 2009 年基本持平;东风集团 2010 年销量超越一汽集团,市场占有率从 2009 年的 13.7%增长到 15.1%;一汽集团排名下降至第三位,市场份额略有下降;长安集团从第三位降至第四位,北汽集团排名保持不变,两者的市场占有率均略有减少;广汽集团全年销量增幅仅为 13.74%,市场份额从 2008 年的 5.63%下降到 2010 年的 4%;排在后四位的企业中,只有比亚迪增幅有所降低,奇瑞、华晨和江淮市场增幅都达到 35%以上;2010 年年产量在 200 万辆以上的汽车企业有 4 家,100 万辆以上的有 5 家,50 万辆以上的有 9 家;目前销量最大的上汽集团只有 356 万辆,国外年销量突破 300 万辆的企业有十多家,日本丰田汽车公司、美国通用汽车公司和德国大众汽车公司年销量在 700 万辆以上;自主化程度相对较高的奇瑞、比亚迪、华晨和江淮四家企业的销量相对较低,年销量平均在 50 万辆左右②。这表明我国汽车产业尤其是乘用车市场的自主化程度还有待进一步提高。

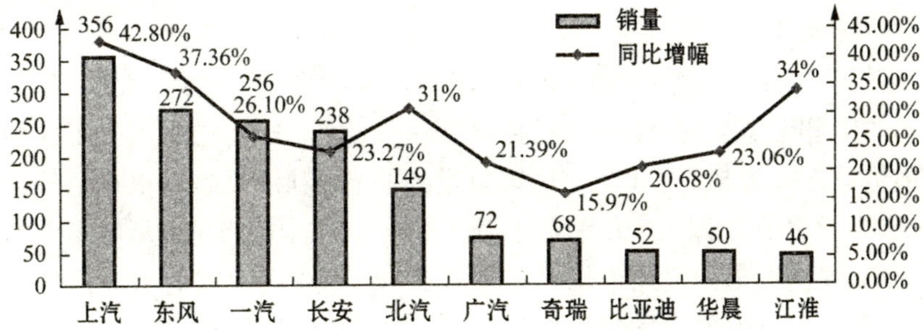

图 2-3 2010 年中国车企销量前十位(销量单位:万辆)

2010 年中国汽车市场乘用车销量排名前十位的企业销量为 609 万辆,市场占有率为 33.7%。销量排名前十位的企业依次是:上汽通用、上海大众、一汽大

① 中国商用汽车网. 2010 年销量排名前十位的汽车生产企业[EB/OL]. (2011-01-25). http://www.phb168.com.cn/a/200739.html.

② 搜狐汽车研究室."2011 全球汽车产业白皮书"开启复苏之路[EB/OL]. (2011-04-15). http://auto.sohu.com/20110415/n305889063_5.shtml.

众、北京现代、东风日产、比亚迪、奇瑞、吉利、长安福特和一汽丰田，其中中德合资与中日韩合资企业占据前五位①，如图 2-4 所示。

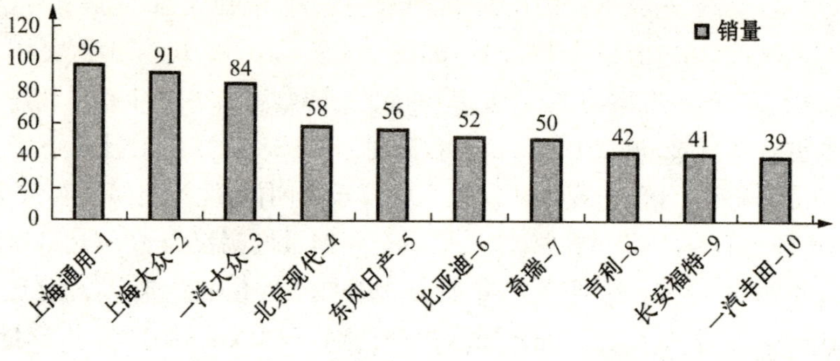

图 2-4　2010 年中国乘用车销量前十车企（单位：万辆）

4. 跨国企业在华市场格局

2009 年，在全球前十位跨国集团普遍销量负增长的情况下，跨国集团在中国市场销量实现了 20%以上的增长。现代汽车公司 2009 年创造了销售 90 万辆的纪录，在中国的市场地位一举攀升到第二位；丰田 2009 年在全球销量负增长 27.5%的情况下，在华销量增幅达到 121%。通用、现代、福特在华销量增幅也都在 40%以上。

2010 年中国在跨国集团的全球市场地位继续提升。通用、大众、日产在中国市场的销量已经达到全球市场的四分之一以上。2010 年通用汽车在中国的汽车销量达 235 万辆，占其全球销售总量的 30%，利润贡献率也是全球市场最高；2010 年日产在中国市场的份额上升了 8.9%，在中国市场的增幅是其全球增幅的 4 倍；现代汽车在国际市场销量增长迅速，导致在中国的市场份额略有下降；本田和丰田在中国市场销量增幅放慢，但中国仍然是最主要的海外市场之一；德国三大豪华车品牌在中国的销量均大幅增长，其中奥迪全年销售超过 22 万辆，同比增幅超过 40%，成为奥迪全球第二大市场；宝马销售接近 17 万辆，同比增幅高达 87%，成为宝马集团全球第三大市场；奔驰以 14.7 万辆的销量排名第三，增幅达到 115%②。

---

① 网易财经. 中国 2010 年汽车销量稳居全球第一 达 1806 万辆[EB/OL].（2011-01-10）. http://money.163.com/11/0110/16/6Q23HQJR002526O5.html.

② 搜狐汽车研究室. "2011 全球汽车产业白皮书" 开启复苏之路[EB/OL].（2011-04-15）. http://auto.sohu.com/20110415/n305889063_5.shtml.

5. 市场结构分析

在1981年外商直接投资企业进入中国市场之前，由国家主导建设的一汽、二汽"双占寡头"的市场集中度高达62.6%，中国汽车产业在国家行政垄断条件下生产集中度相对较高。随后中国汽车产业对跨国公司有限度开放后，生产集中度开始下降。其主要原因首先是由于中国汽车产业几乎从零开始，对略有基础的部分车型生产领域，政府严格限制外商进入，而乘用车生产企业中没有合适的现代汽车生产工艺可并购的对象，来自中国香港、澳门和台湾及其他国家和地区的中小规模汽车零部件生产商普遍采用新建进入方式进入汽车产业；其次是合资企业尚处于建设阶段，有些项目还在分期建设中，生产能力尚未完全形成，生产规模小且相当分散，因此汽车产业的集中度有所下降；20世纪90年代以后，汽车产业集中度开始上升，这主要是合资企业开始进入大批量生产阶段，凭借产品质量和品牌优势，大量挤占原本由中小企业占有的市场，一批劣质企业被淘汰，同时由于国民经济的增长和消费者收入水平的提高，对汽车产品的需求开始显著增加，使汽车产业的市场集中度稳步提高。

市场集中度的衡量主要有绝对集中度和相对集中度两种，其中绝对集中度因计算简便、解释性强，应用最为广泛。绝对集中度通常采用某一产业中规模最大的前N位企业的生产值、销售额、职工人数、企业资产等指标累计数占整个产业相应指标总数的比例进行衡量。

绝对集中度的公式为$CR_n = \sum X_i / \sum X = \sum S_i$，其中$CR_n$表示前$n$位企业的绝对集中度，$X_i$表示产业内第$i$位企业的生产值、销售额、职工人数、企业资产等，$\sum X$表示产业内全部企业的生产值、销售额、职工人数、企业资产等，S_i表示产业内第i位企业的市场份额。通常汽车产业的绝对集中度采用前四位和前八位企业的销售额进行衡量，即CR_4和CR_8。

根据中国工业信息网数据进行计算，中国汽车产业1999年市场集中度CR_4为43.90%，到2010年上升到62.12%；2002年CR_8为77.00%，到2010年上升为81.04%，如表2-3所示。

表2-3 中国汽车产业市场集中度(%)

年份	1999	2000	2001	2002	2003	2004	2005	2006	2007	2008	2009	2010
CR_4	43.90	44.80	48.10	56.91	58.46	56.10	58.50	57.20	56.70	57.95	61.71	62.12
CR_8	——	——	——	77.00	77.17	73.47	79.50	78.21	78.19	78.50	82.23	81.04

根据中国工业信息网数据进行计算，2010 年我国汽车产业市场集中度见表 2-4 所示。

表 2-4　国内主要汽车集团汽车销量及份额

排名	制造商	销量(万辆)	市场份额(%)	集中度(CRn)
1	上汽	355.84	19.70	19.70
2	东风	272.48	15.09	34.79
3	一汽	255.82	14.16	48.95
4	长安	237.88	13.17	62.12
5	北汽	148.99	8.25	70.37
6	广汽	72.42	4.01	74.38
7	奇瑞	68.21	3.78	78.16
8	比亚迪	51.98	2.88	81.04
9	华晨	50.14	2.78	83.82
10	江淮	45.85	2.54	86.36

以上数据表明，我国汽车产业的市场结构已开始接近国际主流汽车市场，但与国际发达汽车产业国家 CR_4 在 75%以上、CR_8 在 90%以上相比，中国汽车市场的市场集中度还较低。目前中国汽车整车厂商有 171 家，其中有 82 家被纳入中汽协的统计范围。在这 82 家汽车企业中，只有 15 家企业能达到超过 10 万辆的年销量，占国产汽车总销量的 91.1%，其余 67 家整车企业的比重还不足 9%，其中 44 家企业年产量不足 1 万辆，14 家企业 2008 年没有生产销售一辆汽车[①]。这表明中国汽车企业规模小而分散的市场格局并没有得到根本改变。

中国汽车产业市场集中度较低的原因主要有以下三个方面：第一，条块分割的行政体制。汽车产业是社会化大生产行业，为追求规模效益，汽车企业相互之间争夺市场份额。由于长期受到计划经济体制的影响，各地汽车产业自成体系，专业化水平较低；第二，产品差异化程度较低。中国政府统一规划全国汽车企业的车型，我国汽车企业的产品差异化程度在国际上属于较低水平，但在具体车型方面，企业各自的产品差异度较高，使产业的市场集中度降低；第三，地方保护较

① 张毅. 国家首次将长安汽车划入中国汽车行业第一阵营[EB/OL].(2009-03-25). http://www.chcj.net/thread-1396491-1-1.html.

严重。目前国内汽车市场仍不完善，产权交易市场运作效率较低，要素在汽车产业间难以自由交易。由于汽车产业具有产业相关度高、能够大量增加就业等优势，地方政府纷纷投资汽车产业，却没有建立完善的退出援助机制，汽车产业难以有效进行大规模并购重组，汽车产业的市场集中度难以大幅提高。

第三节　中国汽车产业并购状况分析

一、中国汽车产业并购历程分析

我国汽车产业的并购开始于20世纪90年代。1995年日本五十铃汽车株式会社和伊藤忠商事株式会社购买北旅的4 002万股不可流通法人股，日商占北旅总股本的25%，这是我国汽车产业的首例并购。近年来中国汽车产业的并购浪潮主要以一汽、东风、上汽、长安汽车集团的并购活动为主导。以下将从这四大汽车集团和其他汽车企业两方面回顾我国汽车产业的并购活动。

1. 四大汽车集团的并购活动

上汽集团的并购活动始于“上汽集团仪征汽车有限公司”的组建，之后进入并购活跃期。2002年上汽集团收购上海合众汽车零部件公司部分资产后，又与通用汽车中国公司、上海通用汽车有限公司共同出资9亿元收购山东烟台车身有限公司，开创了我国汽车工业国有企业改革“投资主体多元化”的先例；2003年收购上海天合汽车安全系统有限公司50%的股权；2007年收购上海汇众汽车制造有限公司的50%股权和上海万众汽车零部件有限公司的50%股权；2007年上汽集团和南汽集团的控股股东签署全面合作协议，开创了国内新一轮并购浪潮的序幕。该笔交易总额超过100亿元的并购案，是迄今为止中国汽车产业最大规模的并购交易。

一汽轿车集团于2001年受让一汽实业总公司、富奥汽车零部件有限公司、一汽无锡汽车厂和一汽贸易总公司四家持有一汽集团财务有限责任公司的股权；2002年一汽富维收购长春富奥-江森自控汽车饰件有限公司50%的股权；2003年一汽夏利收购天津华丰汽车装饰有限公司部分股权和天津汽车齿轮有限公司100%的股权；2004年一汽富维控股子公司收购天津华丰汽车饰件有限公司48%的股权；2008年一汽夏利完成对天汽集团全资子公司的全部股权和资产的收购。

东风汽车集团于2002年与江苏悦达投资、韩国现代企业汽车集团三方正式组建东风悦达起亚汽车有限公司，又与湘火炬共同出资组建东风越野车公司；2003年东风集团公司将所持有的东风电动车辆股份有限公司36.44%的股权与东风汽车持有的东风襄樊专用汽车有限公司51%的股权、襄樊汽车大市场及襄樊设备仓库等资产进行置换；2004年东风股份收购中信集团持有的郑州日产汽车有限公司35%的股权，受让郑州轻汽持有的郑州日产16%的股权，完成了对郑州日产的重组；2010年东风汽车有限公司与裕隆汽车集团各自出资50%，在杭州组建成立东风裕隆汽车有限公司，并在杭州设立研发中心和生产工厂。

长安汽车集团于2004年与江铃集团各自出资5亿元，组建江铃控股公司，随后长安汽车以4.5亿元现金增资江铃控股，而江铃集团也同步增资4.5亿元，增资完成后，江铃控股将持有江铃汽车41.03%的股权，成为江铃汽车第一大股东；2009年兵装集团以长安集团23%股权置换中航集团所持有的哈飞汽车、昌河汽车、东安动力、昌河铃木和东安三菱股权，并与中航集团重组成立新的中国长安汽车集团股份有限公司，兵装集团持股77%，中航工业持股23%；2010年长安汽车集团收购中国长安所持有的长安金陵97.1%股权，同年10月通过整体吸收合并方式注销长安金陵公司；2010年董事会批准吸收合并重庆长安汽车模具有限公司。

2. 其他主要汽车企业的并购情况

在国内国有大型汽车集团进行大规模并购扩张的同时，其他企业也开始投身于中国汽车并购浪潮中。根据公开资料整理，国内其他汽车企业的部分并购情况见表2-5。

表2-5　国内其他汽车企业的部分并购活动

并购企业	目标企业	并购日	并购情况
浙江吉利控股集团有限公司	上海杰士达集团	2002-8-22	吉利集团以非汽车类资产和承担部分债务的方式，置换杰士达集团轿车生产和销售项目的资产
江淮汽车股份有限公司	合肥江淮汽车公司	2003-3-4	收购合肥江淮汽车与轻型载货汽车相关的生产经营性资产（连同相关负债）及其持有的合肥江淮铸造有限责任公司64.65%的权益

（续表）

并购企业	目标企业	并购日	并购情况
北汽福田汽车股份有限公司	北京第一通用机械厂	2003-5-28	董事会审议同意本公司出资11 580万元收购北京第一通用机械厂破产拍卖资产，并授权经理部门办理相关事宜
扬州亚星客车股份有限公司	扬州盛达特种车有限公司	2003-8-1	亚星客车与下属子公司亚星车桥有限公司共同出资196万元，收购“扬州盛达特种车有限公司”的全部股权
贵州贵航汽车零部件股份有限公司	上海红阳密封件有限公司	2003-11-31	公司以现金收购贵州红阳机械（集团）公司持有的上海红阳密封件有限公司48%的股份
重庆市迪马实业股份有限公司	成都东银信息技术有限责任公司	2004-1-30	重庆市迪马实业股份有限公司向公司控股股东重庆东银实业（集团）有限公司购买成都东银信息技术有限责任公司80%的股权
风帆股份有限公司	保定金风帆蓄电池有限公司	2004-6-14	向香港灏福有限公司购买保定金风帆蓄电池有限公司25%外方股权，即在原持股比例为75%的基础上吸收合并了该公司
中通客车控股股份有限公司	新疆中通客车有限公司	2004-9-26	出资1 000万元人民币收购聊城中通实业有限公司持有的新疆中通客车有限公司50%的股权，通过转让本公司持有该公司80%的股权
哈尔滨东安汽车动力股份有限公司	哈飞汽车股份有限公司	2004-12-31	与哈尔滨航空工业（集团）有限公司、中国航空（382）有限公司、哈尔滨东安发动机（集团）有限公司、深圳深航电子机械有限公司、中国航空技术进出口总公司签署股权转让协议，收购以上股东持有的哈飞汽车股份有限公司全部股权

（续表）

并购企业	目标企业	并购日	并购情况
潍柴动力股份有限公司	湘火炬	2005-8-8	潍柴动力出资10.23亿元收购湘火炬成为其第一大股东，拥有股份占总股本的28.12%。2007年公司通过发行A股换股吸收合并湘火炬汽车，随后湘火炬注销，以本公司为合并完成后的存续公司
比亚迪股份有限公司	西安秦川汽车有限责任公司	2006-1-22	比亚迪分别与陕西集团和秦川机械签订收购协议，收购上述两家公司在秦川汽车中合计77%的股本权益
郑州宇通股份有限公司	宇通集团公司&上海宇通	2005-11-17	郑州宇通发展有限公司与郑州宇通集团有限责任公司、上海宇通创业投资有限公司签署吸收合并协议，由宇通发展作为存续方，吸收合并宇通集团公司及上海宇通。根据吸收合并协议，宇通发展继承其全部债权、债务，同时宇通发展因吸收合并宇通集团公司而持有本公司27.65%的股权
江南模塑科技股份有限公司	沈阳名华模塑科技有限公司	2006-7-30	收购五龙公司所持有的沈阳名华模塑科技有限公司50%的股权。本次股权收购完成后，本公司将持有沈阳名华100%股权。
浙江吉利控股集团有限公司	澳大利亚DSI自动变速器公司	2009-3-27	吉利首先支付2600万元押金，并最终以2.57亿港元、最高不超过3.14亿港元的价格收购DSI公司
广州汽车集团股份有限公司	长丰汽车股份有限公司	2009-5-21	广汽集团与长丰集团通过战略重组，将长丰集团原持有的长丰汽车29%的股份转让给广汽集团，并将长丰汽车股份有限公司改名为广汽长丰汽车股份有限公司

（续表）

并购企业	目标企业	并购日	并购情况
安徽星马汽车有限公司	安徽华菱汽车有限公司	2009-12-1	星马汽车正式对外发布重组方案，将通过定向增发16.8亿元，收购安徽华菱汽车100%股权。完成重组后的星马汽车，将通过全资控股华菱汽车拥有重型汽车整车生产能力，业务扩展至拥有汽车底盘、重型载重卡车和多系列专用车生产等
浙江吉利控股集团有限公司	沃尔沃汽车公司	2010-3-28	吉利控股与福特汽车公司在瑞典哥德堡正式签署协议，吉利以18亿美元收购沃尔沃100%股权
广州汽车集团股份有限公司	浙江吉奥控股集团有限公司	2010-12-9	广汽集团与吉奥控股合资设立广汽吉奥汽车有限公司，广汽集团持有其51%的股权，吉奥控股持有其49%的股权

二、中国汽车产业并购的特点

1. 以大汽车集团为核心展开并购

目前我国汽车企业并购大部分是国内规模较大、实力较强、在行业中具有举足轻重地位的汽车企业参与的。国内主要形成了上汽、一汽、东风、长安、广汽、北汽等大汽车集团，其中一汽、东风属于中央直属企业；长安属于中国兵器集团公司，为军工企业；上汽、北汽和广汽都属于地方国有企业集团。由于汽车企业不同的属性，在这几大集团之间快速展开大规模的兼并重组还有一定困难。目前主要是以大汽车集团为核心并购整合其他规模较小的汽车企业。我国汽车市场上已经发生的并购多为此种形式。

2. 政府推动优势企业的并购整合

在产业国际竞争力薄弱、缺乏持续创新能力的大型跨国企业的背景下，政府希望通过在金融、财税、外汇、产业等政策上的支持，促进优势企业的收购行为，实现以结构调整带动规模提升，以此克服汽车行业“散、乱、差”的局面。

3. 外资参与中国汽车产业并购

我国汽车集团的外资成分主要来自集团中的中外合资企业。有些汽车集团是外资推动并购,有些直接以合资企业为主体发起并购。国外大型汽车集团往往拥有丰富的并购经验,这给缺少相关操作经验的中国企业带来了较大帮助。外资对于中国汽车产业并购起到了积极的促进作用,但与此同时,外资的参与也会使中国汽车企业利益遭受不同程度的损失。

三、中国汽车产业并购整合分析

企业完成并购的交易手续只完成了整个并购过程的一部分,需要花费更长的时间对并购企业进行全面整合,以适应新的经营环境。完善的整合模式是全面并购整合的基础。对于合并后的新组织来讲,良好的整合模式能够保障并购整合工作顺利推进。

通过对我国汽车产业的并购现状分析,本书将我国汽车产业并购整合模式分为融合式整合、共存式整合、控制式整合和保护式整合。以下对我国汽车产业并购整合各种模式的特点进行分析。

1. 融合式整合

融合式整合模式中的并购双方在战略上相互依赖,同时目标企业的组织独立性需求较低,因此并购企业可将被并购企业吸收成为自己的一部分,并将自身的战略、组织结构、生产经营方式、企业文化等方面与被并购企业整合成一体。整合后的被并购企业,有可能是并购企业的一个子公司,也有可能成为一个业务部门。由于融合式并购是提升汽车产业持续创新能力最为有效的方式,因此本书重点对该整合模式进行分析研究。

上汽集团与南汽集团合并是典型的完全融合式整合。上汽集团和南汽集团秉承“全面合作,融为一家”的宗旨,统一规划、统一研发、统一采购、统一生产和统一营销的原则,发挥各方协调效应。双方的生产基地不再以品牌进行划分,而是以产品平台进行划分,最大限度地发挥各个生产基地的利用率,降低成本,避免重复建设。按照生产效率、物流效率最大化原则,对荣威、名爵进行一体化管理,完全协同运作,以此提高资源利用效率,加快提升创新能力。

上汽与南汽合并后需要将双方原有的资源有机整合成为统一运作体系。首先,上汽与南汽合并后获取关键稀缺资源的同时,也得到了一些冗余资源,这类资源往往偏离了企业的战略目标,不构成核心竞争力却增加了企业的成本。比如南汽的部分落后的生产设备和资产，构成了上汽的冗余资源，上汽需要在整合中妥善处理这些冗余资源；其次，并购会使企业内部的生产费用和管理费用增加，并购企业在规模上迅速扩大的同时也增加了企业的成本，企业需要对资源统一分配，避免重复建设，减少内耗，合理利用资源，尽量降低并购企业增加的成本。

在产品线方面，上汽集团的商用车整车生产企业包括上海汇众、上海申沃和上汽依维柯红岩 3 家公司。其中上海汇众主要生产伊思坦纳商务车和重型卡车；上海申沃主要生产城市客车、城郊客车和客车底盘；上汽依维柯红岩主要生产重型卡车。上汽在商用车领域的产品线并不完整，个别产品产量不高，尤其是轻客市场，竞争力很弱，而商用车是南汽最主要的优质资源。南京依维柯汽车有限公司作为龙头商用车企业，产品分为 IVECO 和跃进两大平台。IVECO 品牌价值较高，产能为年产 6 万辆轻型汽车、7.5 万台柴油发动机；跃进品牌产能为年产 10 万辆轻、中、重型汽车，产品系列涵盖跃进轻型载货车、重型载货车以及客车底盘及专用车等，在货车市场上竞争优势明显。上汽通过整合可以迅速弥补在轻客市场的短板，增加产量的同时也增加了品牌影响力。同时上汽在商用车方面可以形成全系列完整的产品线。上汽集团将由轿车等乘用车为主转变为轿车、轻客、轻卡、重卡、微客等细分车型在内的全业务汽车集团，乘用车和商用车并举的战略将得到有效实施，巩固在我国汽车集团中的领头地位。

在汽车零部件方面，上汽集团拥有中国汽车工业规模最大、技术最好、配套最全、竞争能力最强的零部件体系。在服务贸易领域，上汽集团在销售、物流、进出口、汽车文化、IT 服务等多个方面处于国内行业领先地位。通过与南汽的合并，南汽的零部件企业和服务贸易板块资源可对上汽形成有益的补充。上汽对南汽旗下零部件企业进行重组，并实施一体化管理，使双方的零部件企业激发出更大的活力，巩固上汽在该领域的领先地位。

在汽车服务贸易方面，南汽的服务贸易业务通过东华公司，与上汽服务贸易板块对接。上汽在服务贸易领域，包括销售、物流、进出口、汽车文化、IT 服务等方面处于国内行业领先地位，南汽服务贸易板块资源加入后，将对其形成有益补充。

综上所述，两大集团在许多领域存在资源的相似性与互补性，南汽集团在自主品牌建设、商用车以及零部件、服务贸易等方面形成了许多特定的异质性资源。并购可使上汽集团提升其轻型商用车制造能力和技术，也有利于在自主品牌项目建设方面形成合力。上汽集团可扩大商用车市场份额，做大做强轿车自主品牌，实现资源的共享；南汽可获得上汽资金、技术和管理上的支持，从而可以提高赢利能力。通过并购整合，将有利于实现并购双方资源的优化配置，获得在研发、采购、生产、销售等方面的协同效应。

2. 共存式整合模式

共存式整合模式中的并购双方在战略上相互依赖性较强，同时目标企业的组织独立性需求较高，因此共存式整合模式强调并购双方的主体地位，并购完成后并购企业与目标企业同时存在，双方拥有独立经营权，但在战略上相互依赖，并购双方在能力上存在转移，保护和渗透同时并举。

共存式整合模式一般以相互持股或者新设合并的形式开展。相互持股是指两个企业通过注资或者股权交换的形式实现相互持股，通过战略联盟的形式共同发展；新设合并是指并购企业与被购企业以设立新企业为目标，可能是两者的结合，也可能是双方共同出资重新设立公司。相互持股以广汽与长丰的战略合作为代表。广汽与长丰合并之后的整合主要集中在产品线、零部件配套体系和生产方面。通过重组后的整合，广汽在 SUV 和自主品牌领域得以拓展，而长丰汽车获得了发展主流轿车产品的能力；在新设合并方面，东风汽车公司与日产汽车公司于 2003 年共同组建东风汽车有限公司，双方各持股 50%。由于是新成立的公司，原双方企业的文化、经营管理等理念会对新企业产生较大影响。通过并购整合，东风汽车有限公司集成了原东风汽车公司与日产汽车公司的文化和经营理念，为自身的发展奠定了基础。

3. 控制式整合模式

控制式整合模式中的并购双方的战略依赖性不强，同时目标企业的组织独立性也很低，因此并购企业实施控制式整合模式的目的不是寻求战略上的协同，而在于目标企业的资产或者经营部门。该整合模式强调对并购双方资产组合的管理，以最大程度地发挥资产组合优势①。

控制式整合模式一般以股权转让的并购方式进行，并购方通过股权转让获得被购方的控制权。一汽集团在全面收购天汽集团全资子公司的过程中，采取的就是控制式整合模式。2002 年一汽集团公司通过收购夏利汽车 7.39 亿股，使其持有天津汽车 50.98%的股权，实现了对天津汽车的实际控制权。一汽集团又收购了天汽集团其他一些子公司的股权，最终实现了对天汽集团全资子公

① 彭萌. 中国上市公司并购整合模式及案例研究[D]. 重庆：重庆大学，2007：28-29.

司的控制。一汽集团在控制式整合中获得了对天汽集团汽车资产和业务的控制权，这对双方的整合具有积极意义。

4. 保护式整合模式

除以上整合模式外，对并购双方的战略依赖性不强，而目标企业的组织独立性较高的情况主要采取保护式整合模式。由于这种类型的整合模式没有实质性整合工作，因此本书不对该类型整合模式进行深入分析，也不作为本书探讨的内容。

四、中国汽车产业并购整合存在的主要问题

中国汽车产业并购整合过程中存在的问题主要有以下三个方面：

第一，对并购后的整合重视程度较低。

企业并购是一项系统工程，并购协议的签定完成并不意味着并购行为的完成。横向并购要达到优化产业结构、均衡市场结构的目的，并购后就必须进行深度整合，但就目前我国汽车产业的并购市场来看，汽车产业并购明显存在误区，企业往往在并购完成后忽视整合工作，最终导致对并购后整合重形式而不重内容。

第二，缺乏战略性的并购整合规划。

制定完整的并购整合战略规划，并且将战略规划付诸实施是并购成功的关键环节。在进行并购整合决策时，需要考虑企业的自身实力与发展目标、企业实力的对比以及并购整合的成本。我国汽车企业的并购整合大多停留在表层，较少进行深层次的战略思考。并购的目的往往是表面的规模扩张，过于注重短期利益，忽视长远发展，难以取得良好的并购整合效果。

第三，并购整合并未有效提升持续创新能力。

目前中国汽车产业并购整合满足于现有技术水平的规模扩张，并购后的企业技术进步和新产品开发力度并没有明显提高，并未有效提升持续创新能力，特别是当政府干预并购活动时，并购方被动接受创新能力低下的小企业，反而增加了并购方的负担。因此，如何通过并购整合提高我国汽车产业的持续创新能力，形成合理的汽车产业市场结构，促进资源的优化配置，是我国汽车产业亟待解决的问题。

第三章

中国汽车产业持续创新能力分析

第一节　汽车产业持续创新能力的内涵

一、汽车产业持续创新能力概念

持续创新能力是实现汽车产业可持续发展的重要保证。本书以熊彼特的创新理论为指导，在继承和发展已有研究成果的基础上，认为汽车产业持续创新能力是指汽车产业持续对各种生产要素进行创新性集成，持续推出创新产品，并持续实现创新经济效益的能力。

汽车产业持续创新能力的概念具体包含三方面内涵：一是持续创新能力的本质是汽车产业内部独特的资源、知识、技能的积累及一系列激活机制；二是持续创新能力的目标是使汽车产业获得持续经济效益；三是持续创新能力最终通过创新产品的价值表现出来。

汽车产业持续创新能力主要具有以下三方面特征：

1. 时间的持续性

汽车产业持续创新能力在时间维度上具有持续性。时间上的持续性对于形成持续创新能力具有重要意义。创新优势从确立开始，就受到模仿者和革新者的强烈冲击，这决定了创新能力不可能是一劳永逸的，必须不断开发适应市场变化的能力，持续追求一系列动态的创新优势。对汽车产业持续创新能力进行的调查表明，创新过程如果只持续 1～2 年，创新对经济效益增长没有显著影响；如果创新过程持续期达到 5 年，则创新能较大地影响经济效益增长，但从创新过程中积累的经济实力有限；如果持续 10 年以上进行创新，则表明已经通过持续创新积累较强的经济实力，生存和发展能力已显著增强。

2. 能力的积累性

汽车产业持续创新能力不是偶然形成的，而是以独特的资源、知识与能力的积累为基础，其提升有较明显的路径依赖性。如果企业内部缺乏必要的资源进行持续创新，那么企业就要通过外部的资源转移来获取。

3. 经济效益持续增长

判断持续创新成功与否的重要标准是企业能否实现经济效益的持续增长。在持续创新能力的发展过程中，各阶段、各环节内部相互联系，创新活动一旦连续性受阻，就会面临较大的风险，整个创新活动甚至都会失败。要保持持续创新能力，经济效益应在创新期内实现持续增长。

二、持续创新能力与核心能力的关系

核心能力是指在开发独特产品、发展独特技术以及发明独特营销手段上的能力。核心能力的主要特征有：价值性、独特性、延展性、整体性和难以模仿性。核心能力体现企业发展观念是通过充分利用独特资源，构建自身的能力体系，实现竞争优势。

持续创新能力是核心能力最重要的组成部分，是获取竞争优势、持续发展的根本途径。创新不一定都能形成竞争优势，但竞争优势却一定与创新相关，没有创新就很难为企业创造新的竞争优势，并且原有的竞争优势也会逐渐消失。选择创新点和创新域应围绕企业的核心能力进行，如果不考虑企业的实际情况而盲目创新，就可能会事与愿违。

核心能力与持续创新能力二者相互作用、相互影响，有效增强竞争优势。虽然企业的核心能力无法代表持续创新能力，企业的创新成果也无法全部转化为核心能力，但持续创新能力有助于核心能力的形成，核心能力也会反作用于持续创新能力。

三、持续创新与一般创新的关系

一般创新项目的成功不能支撑产业的持续发展。只有持续创新，才能支持经济效益的持续增长。持续创新与一般创新的主要区别是：

(1) 两者的侧重点不同。一般创新侧重利用系统内部资源进行单项、间断的创新，而持续创新是以经济全球化和知识经济为背景，充分利用各种资源持续进行创新的过程。

一般创新强调独特性，而持续创新强调持续性。对于一般创新，某一次创新或是某一段时期内的创新都可以称为一般创新；而持续创新着重强调应具备持续性，某一次具体创新或者某段时间进行的创新都不能认定为持续创新。建立良性创新机制才能保证创新在时间上的持续性，而一般创新就不必满足这种要求。即使持续创新能力不足，在某一时点、某一方面有所创新也是有可能的。

(2) 两者的创新主体不同。一般创新比较注重单个企业的创新行为,而持续创新不仅仅关注个别企业的创新,而是更为关注产业内所有关联企业的共同创新,侧重的是企业间多方位创新。如果单个企业在一段时期内进行了创新,产业中其他企业没有相应的创新,那么创新迟早会受到整个产业环境的影响而停滞。因为没有持续创新的氛围、足够的知识和理论创新,企业就很难保持持续创新的动力。从汽车产业发展环境上分析,多个企业持续创新有助于以创新为主要动力的产业发展新模式的形成。

第二节　中国汽车产业持续创新能力主要影响因素分析

改革开放之前,我国汽车制造企业的持续创新能力长期低下,一些型号的汽车连续生产几十年都没有进行明显改进,汽车产品结构也长期处于“缺重型汽车、少轻型汽车、轿车等于空白”的局面。改革开放以后,虽然一些企业通过购买技术、与跨国企业合资或合作等途径努力提高自身的创新能力,但是持续创新能力较弱仍然是中国汽车产业进一步发展的障碍。下面对影响中国汽车产业持续创新能力的重要因素现状进行分析。

一、自主品牌分析

1. 基本概况

自主品牌是指拥有自主知识产权,同时能够对品牌所产生的经济利益进行自主支配的品牌。国际汽车市场上比较成功的日本、韩国汽车产业模式的共有特点是,坚持自主品牌的发展原则,在购买国外先进技术后,坚持消化吸收再创新,最终拥有自己的知识产权体系。

我国汽车产业的自主品牌从品牌来源上,可分为自创品牌和收购品牌两种类型;从技术的来源上,可分为通过自主研发获取技术、通过购买获取技术和并购获取技术三种类型。将品牌和技术来源结合起来形成我国自主品牌发展的四种模式:第一,自创品牌、自主研发主要核心技术或适当引进部分技术;第二、自创品牌、购买现有技术或并购相关汽车企业;第三、收购品牌、自主研发主要核心技术或适当引进部分技术;第四、收购品牌、购买现有技术或并购相关汽车企业。

我国自主品牌乘用车的销量和市场占有率逐年有所提升。我国自主品牌汽车销量从 2005 年的 77 万辆增加到 2010 年的 293 万辆,市场占有率从 2005 年的 26.2%提高到 2010 年的 30.9%，如图 3-1 所示①。

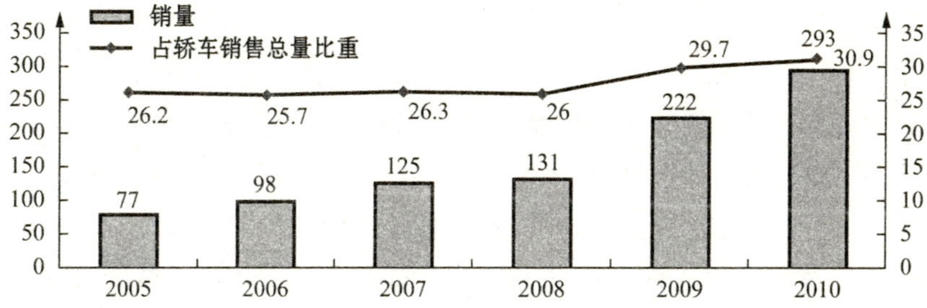

图 3-1 中国自主品牌乘用车销量及市场占有率(单位:万辆;%)

根据中国汽车产业主要合资企业与自主企业销售情况，目前我国乘用车自主企业销量普遍低于合资企业销量。据中汽协统计数据表明，我国 2010 年乘用车自主品牌共销售 627 万辆，占全国乘用车销售总量的 45.6%，同比提高 1.3%；中日合资、中德合资、中美合资与中韩合资企业分别销售 269 万辆、197 万辆、141 万辆、104 万辆和 37 万辆，分别占乘用车销售总量的 19.5%、14.4%、10.3%、7.5%和 2.7%，如图 3-2 所示②。这表明我国乘用车市场仍然以合资企业和国外品牌为主。

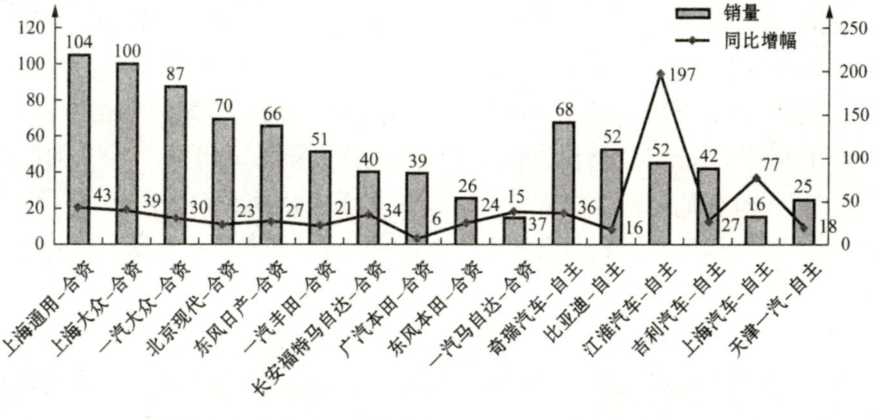

图 3-2 2010 年中国汽车产业主要合资企业与自主企业销售情况(单位:万辆;%)

① 吕游. 2010 自主品牌表现差强人意 2011 前途堪忧[EB/OL]. (2011-01-17). http://auto.sohu.com/20110117/n278829004.shtml.

② 陈志杰. 奇瑞成功捍卫“首席自主品牌”[EB/OL]. (2011-01-14). http://news.china.com.cn/rollnews/2011-01/14/content_6077684.htm.

2. 中国自主品牌发展策略

目前中国自主品牌汽车企业的发展策略主要有以下四种类型：

第一，收购海外品牌。

该方式典型代表是上汽集团和吉利汽车公司。上汽集团收购英国罗孚 75、25 两款车型的一切知识产权和大部分研发团队，在这基础上开发出了荣威；在罗孚破产后，南汽收购了所有资产、技术，在此基础上开发了名爵。上南合并后，上汽得到了南汽所拥有的整车、发动机生产线和 MG 等国际品牌的资源。

上南合作是建立在自主品牌的基础之上。两者由于有着相同的英国血统、相同的源于罗孚的技术等共同点，较容易融合，但由于不同品牌存在着不同的市场侧重点，荣威的定位是绅士风，而名爵定位于高附加值的跑车。上南合并之后，认识到要利用好两者的差异，既发挥荣威在国内市场的品牌号召力，又要利用好名爵在国际市场上的认可度，分别开拓各自的市场，形成细分市场的错位竞争，遵循异化定位，谋求共同发展，以达到双赢的效果。通过上南合并，这两大品牌相辅相成，利用不同的产品平台，划分了不同的生产基地，从而发挥生产运作效率，增强了上汽集团的核心竞争力。

吉利汽车公司进行过 3 次国际范围的并购，依次为英国锰铜公司、澳大利亚 DSI 公司和沃尔沃公司。2006 年吉利汽车公司通过合资的方式收购了英国锰铜公司，掌握其控股权，并购后的新公司以上海华普为基地，借助英国锰铜公司的生产技术制造 TX4 伦敦出租车，销往英国及其他国家，同时也在中国试销；2009 年吉利汽车公司收购澳大利亚 DSI 自动变速箱公司，引进了 DSI 的产品和技术；在 2009 年底，吉利汽车公司又以 18 亿美元成功收购沃尔沃这一汽车品牌。这一系列收购对吉利的汽车生产销售的国际化及在中国市场上的表现具有积极促进作用。

第二，利用合资伙伴拥有的先进技术平台进行研发。

该方式的典型代表是一汽集团和东南汽车公司。一汽集团与马自达公司合作，在马自达 6 的技术平台上开发出奔腾轿车。由于马自达 6 的发动机、变速箱和底盘的性价比较高，安全性能也有保障，市场对于奔腾轿车的反映较好；东南汽车公司借助三菱蓝瑟开发出的自主品牌 V3 菱悦，外部车型时尚，内部配置丰富，获得了较好的市场反应。

第三，创造性模仿。

比亚迪汽车公司善于创造性模仿知名品牌的汽车，如旗下 F3 模仿的是日本的丰田花冠，F0 模仿的是日本的丰田 Aygo，F6 模仿的是日本的本田雅阁。另外，还有一些汽车企业也进行有一定创造性的模仿，如奇瑞 QQ 模仿的是通用乐驰 spark，长城炫丽模仿的是丰田雅力士，双环小贵族模仿的是奔驰 smart 等。

第四，购买国际优秀设计和服务。

汽车车型如果具有高贵的出身，自然形象就会大有改观，而且车型的知识产权也属于企业自身，如意大利著名设计师乔治亚罗设计的华晨中华系列、欧洲专业公司调校的奇瑞 A3 等。这些国际设计弥补了我国汽车企业在技术和形象设计上的不足，更容易得到消费者的认可。

3. 自主品牌发展存在的问题

目前中国市场日、德、美、韩、法系汽车品牌经过长期积淀，形成了纵横交错的专利技术标准网络和全球化的市场渠道。我国自主品牌汽车企业与国外优秀汽车企业相比，还有较大差距。由于缺少世界级的品牌支持，我国汽车产业产品附加值较低，产业竞争力较弱，我国汽车产业自主品牌发展存在的问题主要有以下方面：

第一，产品大多集中于低端。由于汽车产业的低端市场技术壁垒较低，因此我国大多数自主品牌集中在此市场（主要集中于 A、A0、A00 级车市场）。竞争战略基本上采取低价策略，主要凭借低廉的价格而不是品牌实力获得市场。虽然自主品牌汽车企业努力提升汽车档次，致力于进入中高端市场，但低价格策略却达不到预期效果，消费者对自主品牌汽车的认同度不高。

第二，缺乏品牌整合。通过并购，汽车企业可以有效整合自主品牌。这种方式既节约时间、资源，又能提升企业创新能力和品牌竞争力。然而我国部分汽车企业关注的重点往往集中于能否盈利，结果较多地选择合资品牌，因此难以利用现有资源有效地进行品牌整合，进一步提升品牌竞争力的难度较大。

第三，技术性能存在较大差距。根据世界著名的消费者调查专业机构美国 J. D. Power 公司调查数据显示，汽车产业的平均评价得分为 796 分，我国自主品牌车型就连最高分都达不到这一平均水平；如果将合资品牌与自主品牌进行比较，就能明显看出差距：合资品牌平均得分为 811 分，最高分为 872 分；而自主品牌平均为 713 分，最高分为 767 分，自主品牌的最高分低于合资品牌的平均分 92 分，最高分相差 105 分，如图 3-3 所示[①]。这表明自主品牌与合资品牌在技术和性能上还存在较大差距。

---

① 搜狐汽车综合报道. 数据说话：自主品牌仍与合资品牌有差距[EB/OL]. (2007-01-16). http://auto. sohu. com/20070116/n247643747. shtml.

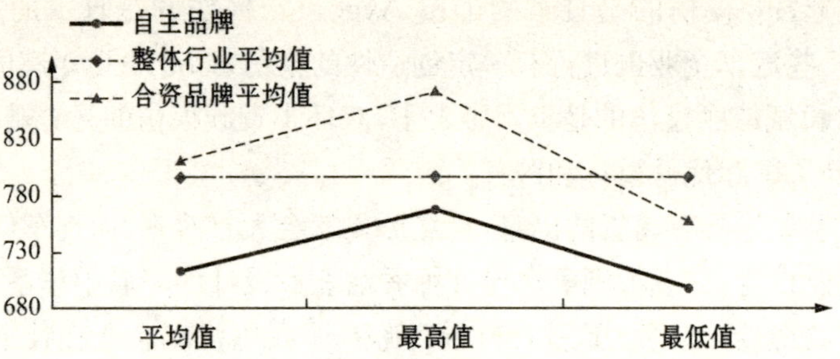

图 3-3　品牌技术性能评分

第四，产品质量存在较大差距。根据世界著名的消费者调查专业机构美国 J. D. Power 公司对 29 个品牌汽车每百辆车进行问题统计数据显示，汽车行业平均得分 236 分，而我国自主品牌汽车的分值全部高于此均值，整体区间为 262～546 分；我国自主品牌的平均得分 405 分，最低为 262 分；而合资品牌的行业平均值为 187 分，最低分只有 94 分；两者的平均值相差 218 分，最低分相差 168 分，如图 3-4 所示[①]。这表明自主品牌汽车质量与合资品牌还有较大差距。

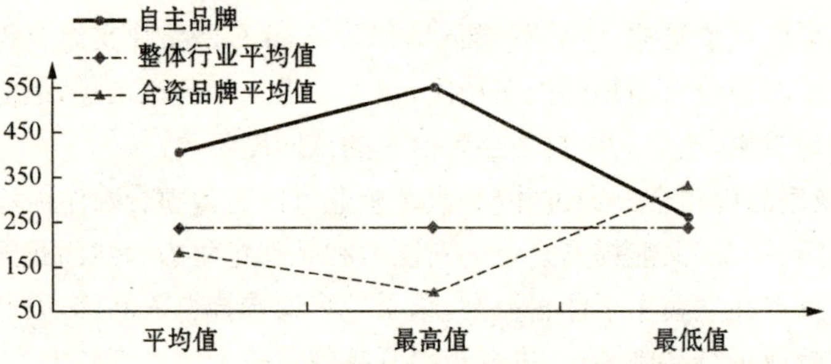

图 3-4　品牌质量评分

二、新能源汽车发展分析

目前全球汽车行业正面临产业重构，安全、节能和环保将成为汽车行业关注的焦点。新能源汽车的开发水平成为汽车企业持续创新能力的重要标志。

自从 21 世纪初以来，我国新能源汽车产业扶持措施直接推动了产业的发

① 搜狐汽车综合报道. 数据说话：自主品牌仍与合资品牌有差距[EB/OL]. (2007-01-16). http://auto.sohu.com/20070116/n247643747.shtml.

展。2001 年针对电动汽车专门启动了“863”计划，设立了“三纵三横”的开发布局；2004 年在“汽车产业发展政策”中，特别强调发展节能环保型汽车技术；2005 年政府出台了相关政策优惠措施，鼓励汽车产业的结构转变，发展新能源汽车，明确了 2030 年电动汽车保有量达到总的汽车保有量一半以上的发展目标；2006 年，财政部明确了对节能环保汽车实施税收优惠的政策措施；2007 年起，国家投入 20 多亿元进行“863 计划”新能源车的研发；2007 年 11 月正式实施《新能源汽车生产准入管理规则》，定义了新能源汽车，规定了新能源汽车企业的准入条件、申报条件以及企业资质要求等内容；同年 12 月，国家发改委发布《产业结构调整指导目录(2007 年本)》，新能源汽车取代柴油轿车，正式成为国家发改委鼓励发展的产业之一[①]。

我国新能源汽车产业近年来取得了一系列成果。我国自主研制出纯电动、混合动力和燃料电池三类新能源汽车。2008 年，北京奥运会上出现了 500 辆左右的各类节能与新能源汽车，这是在国家“863”计划的支持下自主研发的产品，具有较高的产品性能、创新性、可靠性以及安全性，2008 年也因此被称作“中国新能源汽车的元年”。

中国汽车整车企业和零部件企业积极参与到新能源汽车的研发。上汽、一汽、东风、长安、奇瑞和天津清源公司等进行重大科技专项研究。目前上汽集团已对混合动力、纯电动、代用燃料这三大领域进行了布局；一汽集团也确定了以混合动力为主要发展方向的新能源战略，并且在 2008 年成功推出了混合动力版 B70；东风集团主要开发混合动力客车与电动小巴，混合动力车正处于研发阶段；长安汽车也在努力研发新能源汽车，2008 年研发出国内首款自主品牌混合动力车，2009 年底又研发出纯电动奔奔 mini，并在重庆建立了新能源产业基地；奇瑞汽车在新能源汽车上涉及的范围较广，包括混合动力、纯电动、生物柴油等，成果主要有 2008 年的轻混、中混版 A5，2009 年的 QQ、S18、瑞虎等；比亚迪汽车在国内属于新能源汽车的领先者，2008 年的插电式混合动力车 F3DM，2009 年的纯电动轿车 E6，都是在新能源汽车方面取得的成就[②]。

虽然我国对新能源汽车产业非常重视，也给予了很大的支持，但目前只有少数企业能进行小批量生产。新能源汽车产业主要存在以下问题：

---

① 陈柳钦. 我国新能源汽车产业发展面临的问题[J]. 汽车工业研究，2011(6)：2-9.

② 林琳. 我国新能源汽车发展的现状、瓶颈及对策分析[J]. 黑龙江科技信息，2011(3)：102，26.

第一，我国汽车企业没有真正掌握关键技术。

虽然在新能源汽车领域，我国汽车企业和世界先进汽车企业处于同一起跑线上，但是我国在关键的电池、电机和控制系统上的产品成熟度落后于外国企业，没有掌握电子控制技术，在车用锂电池的成熟度上也落后于国外优秀企业。在我国已开发出的新能源汽车中，关键零部件仍然依靠国外进口，这对我国新能源汽车产业的发展不利。

第二，新能源汽车产业的运行环境不完善。

我国新能源汽车在技术标准和公共基础设施建设方面落后于发达国家，这成为新能源汽车产业进一步发展的障碍。

三、研发人才分析

我国汽车人才的培养滞后于汽车产业的发展，汽车人才的短缺已成为我国汽车产业提升持续创新能力的重要制约因素。据《中国汽车工业年鉴》统计，2009 年我国各类汽车企业共有职工 216.5 万人，其中工程技术人员 26.7 万人，占职工总数的 12.3%；而从事研的发人员约 16.3 万人，如表 3-1 所示[①]。

表 3-1　历年汽车工业年末职工人数分类构成表

年份	年末职工人数(A)	其中:工程技术人员(B)	其中:研发人员(C)	工程技术人员占职工总数比例(B/A)%	研发人员占工程技术人员的比例(C/B)%
1991	170.4	14.0	2.2	8.2	15.7
1992	184.9	15.4	2.5	8.3	16.2
1993	193.3	16.2	2.8	8.4	17.3
1994	196.9	16.8	3.1	8.5	18.5
1995	195.3	16.6	3.3	8.5	19.9
1996	195.1	16.7	3.4	8.6	20.4
1997	197.8	17.1	3.7	8.6	21.6
1998	196.3	16.9	3.9	8.6	23.1
1999	180.7	16.9	4.1	9.4	24.3
2000	178.1	16.4	4.3	9.2	26.2

① 国务院发展研究中心产业经济研究部等. 中国汽车产业发展报告[M]. 北京：社会科学文献出版社，2011：194.

（续表）

年份	年末职工人数(A)	其中:工程技术人员(B)	其中:研发人员(C)	工程技术人员占职工总数比例(B/A)%	研发人员占工程技术人员的比例(C/B)%
2001	150.6	15.6	4.5	10.4	28.7
2002	157.0	16.8	5.3	10.7	31.6
2003	160.5	17.3	6.2	10.8	35.7
2004	169.3	20.0	7.1	11.8	35.6
2005	166.9	19.3	9.0	11.6	46.5
2006	185.5	22.0	9.1	11.9	41.5
2007	204.1	24.5	11.0	12.0	44.7
2008	209.4	25.4	12.4	12.1	48.8
2009	216.5	26.7	16.3	12.3	61.0

人才缺失已成为我国汽车企业和产业发展普遍面临的问题。汽车产业发展涉及多个领域，包括汽车零部件、工装模具、汽车设备、研发试制、汽车金融、汽车服务等，因此对汽车人才的要求也是全方面的，单一学科的汽车人才已经很难满足企业的需求。就汽车产业链而言，目前的人才短缺主要表现在两个方面：第一，汽车研发人才短缺。欧美发达国家的汽车产业中，汽车研发人才一般都占到技术人才的30%以上，而我国国内目前成熟的研发人员骨干还不到8%①。培养具有高素质的研发人才已成为当前汽车产业在人才培养方面的重要内容；第二，高级技能人才短缺。目前我国汽车产业从业人员结构上不够合理，具体表现在低层次的技术工人过剩，而介于技术工人和工程师之间的高级技能技术员严重缺乏。目前高级技工数量稀少而且年龄偏大，中年技工为数不多，青年技工尚未成熟，相当比例的工人文化程度低，操作水平不高，不能掌握现代制造技术，导致汽车企业难以成功进行技术改造，我国汽车产业难以形成高水平开发体系。

四、产学研合作分析

在汽车产业自主创新体系中，产学研合作是以创新要素为核心，贯穿于企

① 国务院发展研究中心产业经济研究部等. 中国汽车产业发展报告[M]. 北京：社会科学文献出版社，2011：78.

业、高校、科研院所而形成的一系列经济活动。我国汽车产业创新基础条件较为薄弱，通过加强产学研的合作创新提高汽车产业持续创新能力正在成为行业共识。

目前我国一些汽车企业已经将创新战略放在了比较突出的位置，并通过加强与国内的高校和科研机构的合作，采用内外部相结合的方式提升创新水平。如上汽集团的产学研合作在起始阶段以项目课题为纽带，任务完成后也就预示着合作的终止，这是一种短期的临时合作方式，虽然比较灵活，但没有形成一定的持续性。近年来，为了更有效地利用社会资源，上汽集团探索更高层次和长期的产学研合作，组建了工程中心、科技发展基金会和教育基金会，使之成为推动产学研合作的有效载体。

虽然我国汽车产业在产学研合作方面取得了较快的发展，但从国际竞争态势上分析，形势还是较为严峻。根据中国汽车工程学会对中国汽车整车企业产品开发能力的调查研究，中国汽车企业的技术的进步主要是通过内部积累取得的，而在通过外部渠道获得知识和技术方面较为薄弱，如图 3-5 所示[①]：

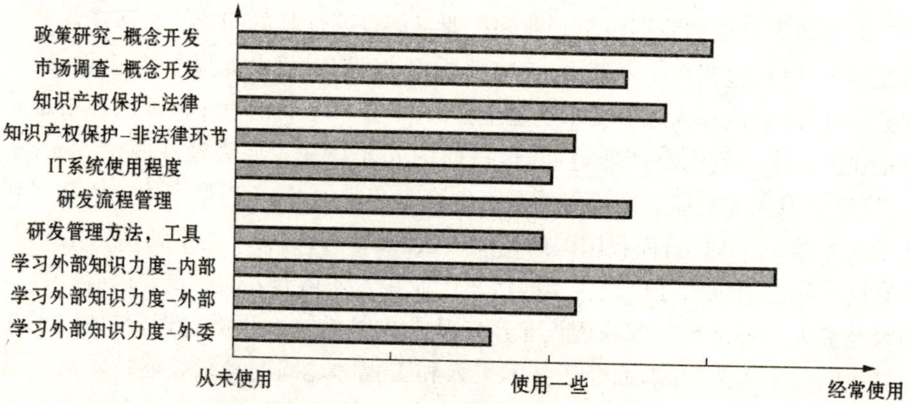

图 3-5　细分管理因素拥有情况

目前我国汽车产业产学研合作方面主要存在以下问题：首先，高校缺少对技术攻关的资金支持。企业在寻求产学研合作时，一般倾向于选择专业的研究性机构。汽车企业在进行某些重大项目研究时，一般是将项目进行拆分，而分配给学校的课题小组的往往是大项目中一些较为简单的部分。我们在调查中发现，

① 张宁，姚群，张文杰，姜英. 对影响我国汽车整车产品开发能力若干因素的分析[J]. 中国工程科学，2009，11(11)：37-44.

汽车企业普遍对高校科研人员不够信任，对国外企业比较推崇。如在中国某汽车企业引进的控制系统出现了问题，由于没有完全吸收消化，难以进行系统调试，只好求助于外企，但外企索价要1 000万以上，中方企业难以承受，只好向上海某高校求援，结果只用 20 万费用就解决了问题；其次，产学研合作目的缺乏一致性。汽车企业与高校在产学研合作中坚持拿来主义，忽略了对人才的培养。汽车企业更注重项目的进展境况，而高校更关注人才培养。由于合作目的不一致，影响产学研合作的持续性。

五、专利现状分析

专利申请量是衡量持续创新能力的重要因素。目前我国汽车企业的三种专利申请总量与国外申请总量基本持平，但是以实用新型为主，国外则以发明为主。国外申请的授权率高于国内申请的授权率。截止 2010 年 6 月 17 日，我国汽车产业专利的统计数据如表 3-2 所示。

表 3-2 汽车产业专利申请情况表①

项目	国内专利				国外专利
	发明	实用新型	外观设计	累计	
发动机	58155	150098	12151	220404	1297506
底盘	19095	49631	0	68726	638731
车身	10513	30893	0	41406	355918
电气设备	3007	10000	0	13007	77147
燃料(油)	4687	306	0	4993	21281
合计	95457	240928	12151	348536	2390583

表 3-2 表明，中国汽车企业缺乏属于核心技术的专利技术。汽车中最为重要的发动机和底盘技术一般都被国外大汽车企业控制。中国汽车企业有关发动机的专利一般都是在原有基础上的改进，并不是真正意义上的原始性创新；同时我国的汽车企业在发明专利上能力还很欠缺。在专利类型的分布上实用新型和外观设计专利占 78%，而且已申请的发明专利中技术含量低、容易模仿的专利

① 黄建根，杨辰，李婷婷. 汽车行业专利现状分析及自主发展策略[J]. 中国发明与专利，2010(8)：68-72.

技术比例较高。

六、研发投入强度分析

在当今竞争日趋激烈的世界汽车市场，汽车产品开发速度越来越快，汽车的资本密集度越来越高，新产品开发的投资规模越来越大。国外各大跨国公司为了开发新技术产品，不惜投入大量资金用于研发。以前一直占据主导地位的物质资本投入所产生的经济贡献率开始下降，而研发投入逐步成为促进汽车产业经济增长的主要动力之一。

由英国商业、创新和技能部公布的数据表明，丰田汽车公司、大众汽车公司和通用汽车公司仍旧是全球研发投入最多的整车企业。在研发经费支出方面，2009 年丰田汽车公司研发投入为 623.6 亿元，大众汽车公司为 534.6 亿元，通用汽车公司为 390.5 亿元；在研发投入占销售收入比重方面，2009 年保时捷公司最高，为 11.3%；大众汽车公司、通用汽车公司、本田汽车公司等研发投入比重均在 5%以上；丰田、福特、标致等汽车公司研发投入比重均在 4%～5%之间[①]。

与国际跨国公司相比，我国整车企业研发经费投入存在较大差距。2009 年全行业 R&D 经费投入总额为 460.6 亿元，投入强度仅为 1.93%，如表 3-3 所示[②]。

表 3-3　2001～2009 年汽车工业研究与发展经费支出表

年份	R&D 经费支出(A)	主营业务收入(B)	A/B(%)
2001	58.6	4253.7	1.38
2002	86.2	5947.7	1.45
2003	107.3	8144.1	1.32
2004	139.5	9134.3	1.53
2005	167.8	10108.4	1.66
2006	244.9	13818.9	1.77
2007	308.8	17201.4	1.8
2008	388.7	18767	2.07
2009	460.6	23818	1.93

① 赵奕. 全球车企研发费用下挫 中国车企猛攻[EB/OL]. (2010-12-03). http://auto.ifeng.com/news/internationalindustry/20101203/480944.shtml.

② 国务院发展研究中心产业经济研究部等. 中国汽车产业发展报告[M]. 北京：社会科学文献出版社，2011：195.

根据英国商业、创新和技能部公布的数据，2009 年上海汽车公司的研发投入为 13.4 亿元，东风汽车公司为 19.64 亿元，比亚迪汽车公司则为 10.4 亿元；我国三大整车企业的研发投入总和为 43.4 亿元，仅为位列榜首的丰田汽车研发费用的十五分之一；在销售收入比重方面，2009 年比亚迪汽车公司研发费用占销售收入的比重最高，为 2.9%，东风汽车公司次之，为 2.3%，而上海汽车公司仅为 1%。

相对于整车开发能力，中国汽车产业关键零部件研发能力更为薄弱。中国零部件企业的规模普遍较小，其投入又远不如整车企业。在发动机、变速器、电子电控系统方面的开发创新能力较弱，而在这些核心部件上体现了汽车技术的创新实力，这也是汽车技术发明专利集中的地方。根据英国商业、创新和技能部公布的数据，全球零部件公司研发投入占销售比重平均达到 5.1%，超过整车领域 4%左右的比重。在汽车零部件的技术开发方面，中国汽车企业主要集中在低附加值零部件开发，与国际先进水平还有相当大的差距。

研发投入不足已成为影响我国汽车产业持续创新能力的重要因素。由于研发投入不足导致的创新能力水平低下，使得汽车企业没有足够的创新能力去研发新产品，难以获取新客户以及维持原有客户的忠诚度，造成企业市场份额的下滑及销售收益降低，这又会进一步减少汽车企业研发投入。这样形成的恶性循环，最终是以损害汽车产业持续创新能力为代价的。

第四章

基于持续创新能力的中国汽车产业并购绩效实证研究

本章运用因子分析法，选取 2002～2007 年之间发生并购的 27 家中国 A 股汽车产业上市公司作为研究样本，以财务比率数据作为指标，对样本企业并购前一年至并购后三年的并购绩效进行实证研究，找出并购整合中存在的问题，分析影响并购绩效的因素，以促进我国汽车产业提高持续创新能力。

第一节　实证研究方法设计

一、研究假设

基于研究的合理性和可操作性，本书提出以下两个假设：

(1) 选择最重要的并购交易事项作为研究对象。有些汽车企业进行多次并购，有些并购规模过小，对公司业绩影响甚微，可忽略此类并购事件的影响，因此对于在研究期间发生两起或两起以上的并购的汽车企业，选择对于并购业绩影响最大的交易事件进行研究。

(2) 选择汽车样本企业的专利申请数作为反映持续创新能力的变化趋势的指标。采用汽车样本企业的专利申请数的主要原因是：第一，本书主要考察的是中国汽车企业并购前后的持续创新能力的变化趋势，而不是对持续创新能力的准确评价。汽车样本企业的专利申请数能够在一定程度上反映持续创新能力的变化趋势；第二，国际上普遍采用专利申请数作为衡量创新能力的主要指标。根据《参考消息》转载的台湾《经济日报》中报道，财经新闻网站“24/7 华尔街”在 2010 年美国十大创新公司的评选中，也采用专利申请数作为主要指标[①]。因此

① 台湾《经济日报》. 美十大创新公司[N]. 参考消息，2010,10(4)：4.

书书采用汽车样本企业的专利申请数反映持续创新能力的变化趋势具有一定的合理性。

二、研究方法

在并购绩效的实证研究中，最常用的方法是会计研究法和股票市场事件研究法。在国内股票市场只有弱式有效的环境中，并购企业的股价起伏不能精确反映企业实际的经营业绩的变化，因此事件研究法具有一定的局限性。尽管会计利润指标可能会被操纵，但上市公司的报表盈余数字具有很强的信息含量，并且任何会计指标操作也只能是暂时的，如果给予足够长的会计期间，业绩的变化最终都会反映到会计报表上，因此本书采用会计研究法考察汽车企业并购前后业绩的变化。

由于并购绩效在一段相对较长的时期内才能显现出来，但过长的时间可能会有较多与并购无关的因素影响并购绩效。故本书将考察年份确定为五年，即并购前一年、并购当年及并购完成后的三年。

反映上市公司业绩的财务指标很多，仅以某一个指标进行衡量会有很多缺陷，而指标太多易导致主次不分，难以抓住问题的实质，因此本书采用因子分析法对财务数据进行处理。因子分析法的基本目的就是将关联度较高的变量归于同一类，每一类变量成为一个因子，以较少的因子反映大部分信息。

三、样本选择

由于需要对并购后三年的绩效进行分析，因此本书以2002～2007年为数据窗口，选取2000年以前在上海证交所和深圳证交所上市的A股汽车企业为研究样本。为保证数据的有效性，尽量消除异常样本对研究结论的影响，剔除了ST公司和绩效异常公司(公司净资产收益率绝对值大于60%)。通过对2002～2007年汽车企业上市公司公布的财务报告的解读，依据重要性原则，选取并购方有权决定被并购方的财务和经营政策的并购交易事项，最后分别确定符合要求的27家公司为最终样本。样本基本情况见表4-1，样本企业并购年度分布情况见表4-2。

表 4-1 并购样本基本情况

公司代码	简 称	公司代码	简 称	公司代码	简 称
600742	一汽富维	600523	贵航股份	600178	东安动力
000625	长安汽车	600565	迪马股份	600066	宇通客车
000927	一汽夏利	600991	广汽长丰	600676	交运股份
600303	曙光股份	600482	风帆股份	000951	中国重汽
600081	东风科技	600609	金杯客车	000700	模塑科技
600418	江淮汽车	600686	金龙汽车	000550	江铃汽车
600166	福田汽车	000957	中通客车	000572	海马股份
000868	安凯汽车	000559	万向钱潮	000883	三环股份
600213	亚星客车	600006	东风汽车	600104	上海汽车

表 4-2 并购企业并购年度分布情况

年 度	2002	2003	2004	2005	2006	2007
公司数	5	5	9	1	5	2

四、指标选择

为全面反映样本企业的并购绩效，本书从盈利能力、偿债能力、资产管理和发展能力四个角度选取 9 个指标，较全面地概括了样本企业的总体情况。选取的财务比率包括流动比率、所有者权益比率、销售净利率、存货周转率、应收账款周转率、每股收益、资本保值增值率和资本积累率。经过因子分析，这些指标被简化成无量纲得分，较高的分数代表了企业在某一方面具有较好的运营水平。选取的财务比率和指标计算详见表 4-3。

表 4-3 选取的财务指标及其计算

指标名称	指 标 计 算	指标性质	指标方向
流动比率	流动资产/流动负债	偿债能力	正方向
所有者权益比率	股东权益合计/资产总额	偿债能力	正方向
销售净利率	净利润/营业收入	盈利能力	正方向

（续表）

指标名称	指 标 计 算	指标性质	指标方向
净资产收益率	净利润/股东权益平均余额； 股东权益平均余额＝(股东权益期末余额＋股东权益期初余额)/2	盈利能力	正方向
存货周转率	营业成本/存货平均占用额； 存货平均占用额＝(存货期末余额＋存货期初余额)/2	营运能力	正方向
应收账款周转率	营业收入/应收账款平均占用额； 应收账款平均占用额＝(应收账款期末余额＋期初余额)/2	营运能力	正方向
每股收益	每股收益＝净利润/总股数	股东获利能力	正方向
资本保值增值率	期末股东权益/上年期末股东权益	发展能力	正方向
资本积累率	(期末股东权益－上年期末股东权益)/上年期末股东权益	发展能力	正方向

第二节　实证分析过程

本书运用 SPSS15.0 软件，对样本公司并购前一年至并购后三年共五年的数据进行因子分析。

一、基础分析

在进行因子分析之前对选取的指标进行相关性分析，考察指标是否具备同阶检验的条件，然后计算因子方差，判断因子分析的效果。

1. 计算财务数据相关系数矩阵表

相关系数矩阵如表 4-4 所示。从表 4-4 可知，相关系数距阵中的所有系数均不显著，故本书选取的指标较为适合进行因子分析。

表 4-4　相关系数矩阵

	存货周转率	应收账款周转率	流动比率	所有者权益比率	销售净利率	净资产收益率	每股收益	资本保值增值率	资本积累率
存货周转率	1.000	0.271	0.025	0.115	0.077	0.271	0.334	0.133	0.133
应收账款周转率	0.271	1.000	0.234	0.165	0.053	0.174	0.123	0.406	0.406
流动比率	0.025	0.234	1.000	0.675	0.318	0.258	0.235	0.197	0.197
所有者权益比率	0.115	0.165	0.675	1.000	0.277	0.131	0.025	0.145	0.145
销售净利率	0.077	0.053	0.318	0.277	1.000	0.821	0.601	0.268	0.268
净资产收益率	0.271	0.174	0.258	0.131	0.821	1.000	0.846	0.336	0.336
每股收益	0.334	0.123	0.235	0.025	0.601	0.846	1.000	0.278	0.278
资本保值增值率	0.133	0.406	0.197	0.145	0.268	0.336	0.278	1.000	1.000
资本积累率	0.133	0.406	0.197	0.145	0.268	0.336	0.278	1.000	1.000

2. 计算指标的方差表

通过主成份法，获得因子方差，如表 4-5 所示。表 4-5 中 Initial 为提取公因子前变量的方差，Extraction 为未经过旋转的公因子方差，大部分公因子方差较高，表明因子分析效果较好。

表 4-5　因子方差表

	Initial	Extraction
存货周转率	1.000	0.853
应收账款周转率	1.000	0.624
流动比率	1.000	0.823
所有者权益比率	1.000	0.846
销售净利率	1.000	0.828

（续表）

	Initial	Extraction
净资产收益率	1.000	0.940
每股收益	1.000	0.838
资本保值增值率	1.000	0.970
资本积累率	1.000	0.970

二、确定因子及系数

1. 分解总方差

由总方差表（如表 4-6 所示）可知，对总方差的分解共获得 4 个特征值大于 1 的因子，累计解释了变量总方差的 85.471%，累计贡献率达到因子分析的一般性要求，因此，可以确定因子个数为 4 个。

表 4-6 总方差表

序号	初始特征值			因子提取结果			旋转后的因子		
	特征值	解释的方差百分比	累计解释方差的百分比	特征值	解释的方差百分比	累计解释方差的百分比	特征值	解释的方差百分比	累计解释方差的百分比
1	3.500	38.884	38.884	3.500	38.884	38.884	2.546	28.291	28.291
2	1.646	18.292	57.176	1.646	18.292	57.176	2.178	24.197	52.488
3	1.484	16.491	73.668	1.484	16.491	73.668	1.738	19.314	71.801
4	1.062	11.803	85.471	1.062	11.803	85.471	1.230	13.670	85.471
5	0.615	6.828	92.299						
6	0.405	4.500	96.799						
7	0.211	2.349	99.148						
8	0.077	0.852	100.000						

2. 旋转后的因子载荷矩阵

旋转后的因子载荷如表 4-7 所示。较高的载荷表明这一指标主要受这一因子影响。从表 4-7 中可以看出，销售净利率、净资产收益率和每股收益在第 1 个因子具有较大负荷，表明这三个指标主要受第1个因子的影响。资本保值增值率和资本积累率在第2个因子具有较大的载荷，表明这两个指标主要受第2个因子的影响。流动比率和所有者权益比率在第3个因子具有较大的载荷，表明这两个指标主要受第3个因子的影响。存货周转率和应收账款周转率在第4个因子具有较大的载荷，表明这两个指标主要受第4个因子的影响。4个因子对应财务分析的相关的4个方面内容，依次将其命名为收益因子、资本因子、流动性因子、周转因子。

表 4-7　因子载荷矩阵

	Component			
	4	1	2	3
存货周转率	0.202	−0.010	−0.013	0.901
应收账款周转率	−0.070	0.502	0.218	0.566
流动比率	0.190	0.111	0.880	0.013
所有者权益比率	0.042	0.046	0.915	0.073
销售净利率	0.858	0.116	0.253	−0.122
净资产收益率	0.941	0.171	0.083	0.134
每股收益	0.878	0.108	−0.013	0.236
资本保值增值率	0.188	0.963	0.064	0.049
资本积累率	0.188	0.963	0.064	0.049

3. 因子得分系数距阵

通过计算因子得分系数矩阵（如表4-8所示），可得到各个因子得分。

表 4-8　因子得分表

	Component			
	收益因子	资本因子	流动性因子	周转因子
存货周转率	0.008	−0.145	−0.053	0.785
应收账款周转率	−0.163	0.185	0.084	0.439
流动比率	−0.009	−0.037	0.523	−0.048
所有者权益比率	−0.079	−0.065	0.562	0.027

（续表）

	Component			
	收益因子	资本因子	流动性因子	周转因子
销售净利率	0.367	−0.039	0.072	−0.214
净资产收益率	0.390	−0.038	−0.055	0.004
每股收益	0.367	−0.070	−0.107	0.112
资本保值增值率	−0.033	0.483	−0.059	−0.102
资本积累率	−0.033	0.483	−0.059	−0.102

根据上述计算方法，得到各因子在并购前后5年的平均得分，绘制波形图，如图4-1至图4-2所示。

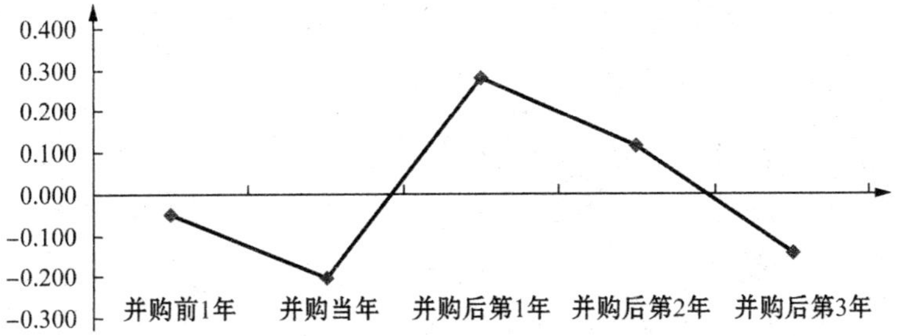

图4-1 收益因子变化趋势图

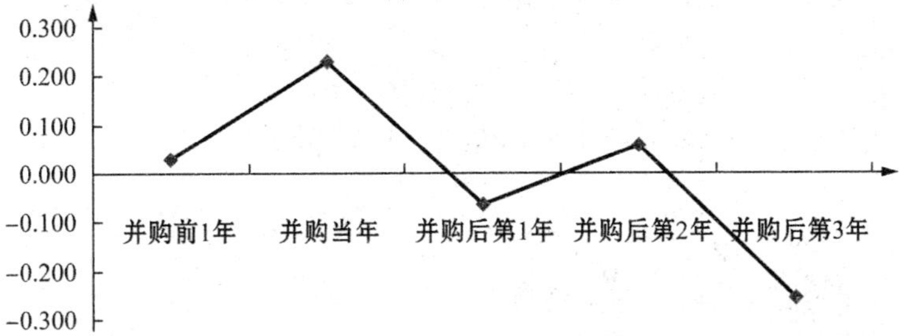

图4-2 资本因子变化趋势图

三、样本业绩综合函数

为综合评价并购前后各年的业绩变化情况，本书运用每个主成分的方差贡

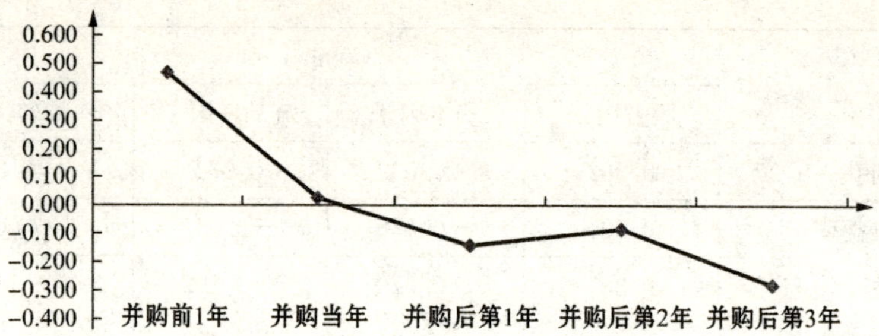

图 4-3　流动性因子变化趋势图

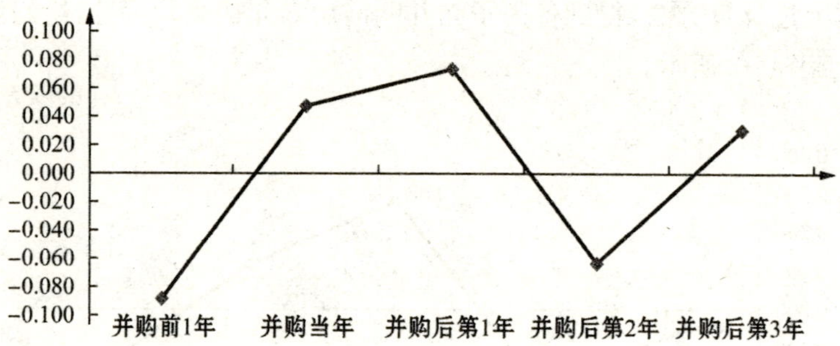

图 4-4　周转因子变化趋势图

献率作为权数构造并购前后各年的综合评价函数。

样本公司综合绩效函数如公式 4-1 所示：

$$F_{ij} = \sum_{t=1}^{4} a_t c_{tij} \tag{4-1}$$

在公式 4-1 中，F_{ij} 是第 i 个公司在第 j 年的综合业绩得分，a_t 是第 t 个因子的方差贡献率，$a_t = \lambda_t / \sum_{t=1}^{n} \lambda_t$，$\lambda_t$ 代表第 t 个因子的方差，n 代表公共因子个数；c_{tij} 是第 i 个公司第 j 年在第 t 因子的得分。

根据该模型计算样本事件发生前后各个公司各个年度的综合得分。将 27 家企业在 5 年内的平均综合得分作为评价并购实际效果的依据，其变化趋势见图 4-5 所示。

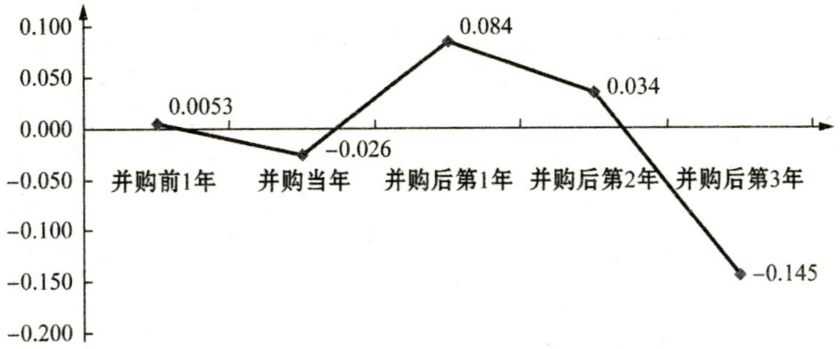

图 4-5　并购综合绩效图

四、各因子与持续创新能力的相关性分析

1. 简单相关

根据各企业因子得分，分别计算并购后三年在每个因子上的平均得分，从而分析平均因子得分和申请专利数的相关性。

根据简单相关系数矩阵的计算结果（如表 4-9 所示），“3 年平均收益率”因子同“并购后 3 年平均专利申请”之间的 Pearson 相关系数显著，其他因子同“并购后 3 年平均专利申请”无显著相关关系，即企业的收益水平同申请专利数量正相关。

表 4-9　简单相关系数矩阵

		3 年平均收益率因子	3 年平均资本因子	3 年平均流动性因子	3 年平均周转率因子	并购后 3 年平均专利申请
3 年平均收益率因子	Pearson 相关系数	1	−0.096	−0.210	0.088	0.427(*)
	显著性(双尾检验)		0.634	0.293	0.663	0.026
	样本数	27	27	27	27	27
3 年平均资本因子	Pearson 相关系数	−0.096	1	0.232	0.039	0.013
	显著性(双尾检验)	0.634		0.243	0.845	0.950
	样本数	27	27	27	27	27

（续表）

		3年平均收益率因子	3年平均资本因子	3年平均流动性因子	3年平均周转率因子	并购后3年平均专利申请
3年平均流动性因子	Pearson 相关系数	−0.210	0.232	1	0.052	−0.051
	显著性（双尾检验）	0.293	0.243		0.797	0.802
	样本数	27	27	27	27	27
3年平均周转率因子	Pearson 相关系数	0.088	0.039	0.052	1	0.133
	显著性（双尾检验）	0.663	0.845	0.797		0.507
	样本数	27	27	27	27	27
并购后3年平均专利申请	Pearson 相关系数	0.427*	0.013	−0.051	0.133	1
	显著性（双尾检验）	0.026	0.950	0.802	0.507	
	样本数	27	27	27	27	27

2. 偏相关

计算各因子同“并购后3年平均专利申请”之间的偏相关系数，结果如表4-10所示。

表 4-10　偏相关系数

	3年平均收益率因子	3年平均资本因子	3年平均流动性因子	3年平均周转率因子
偏相关系数	0.421	0.048	0.026	0.102
P值	0.041*	0.823	0.905	0.635

偏相关检验同简单相关检验结论一致，即企业收益水平同专利申请数之间存在显著的正相关关系。这表明持续创新能力同企业收益水平之间存在显著正相关关系。

由于中国汽车行业收益因子与持续创新能力具有正相关关系，通过图4-1

可以反映出企业持续创新能力的变化趋势。根据该变化趋势图,中国汽车企业的持续创新能力在并购整合后三年基本回落到并购前一年的水平,这表明中国汽车产业的持续创新能力在并购整合后没有发生明显变化。

第三节 实证研究结论

通过以上的实证研究分析,可得出以下结论:

(1) 中国汽车产业的并购整合未能有效提高综合绩效。样本企业并购前后5年综合绩效数据显示,并购当年总体的运营情况略有上升,但随后2年,产业总体运营状况开始下降,具体表现为在并购后第2年,产业运营状况回复到并购前的水平,并有小幅下降,到并购后第三年,产业运营状况仍处于下降趋势。从长期来看,并购并没有提高汽车产业的综合绩效。

企业要达到并购的目标,实现价值增值的目的,必须经历艰苦的整合阶段。就国内汽车产业并购而言,不注重并购整合是导致并购绩效不佳的重要原因。并购当年由于良好的市场预期,带来财务业绩小幅上升,而在以后的并购阶段未能进行有效整合,因此并购后综合绩效反而低于并购前综合绩效。

(2) 中国汽车产业的并购整合并没有以持续创新能力为导向。从图4-1可知,汽车产业的持续创新能力在并购整合后没有发生明显变化。这主要是由于中国汽车产业的并购整合更多是以规模为导向,片面追求扩大规模,而忽视了对于持续创新能力的培养和发展。

(3) 中国汽车产业的综合绩效与持续创新能力没有形成相辅相成的关系。根据综合绩效中各因子与持续创新能力的相关性分析结果,综合绩效中只有收益因素与持续创新能力具有正相关关系,与流动性因素、资本因素、周转性因素没有显著相关关系。由于持续创新能力是具有很强的系统性、综合性的连续过程,因此持续创新能力应体现在企业绩效的各个方面。持续创新能力不应仅仅提升获利能力,还应体现在综合绩效的其他因子方面。资本因子反映应对风险保障的持续发展的能力,其表现越好,表明企业资本积累越多,应对风险保持持续发展的能力越强;流动性因子反映企业的偿债能力,其表现越好,表明企业的现金流越充足,企业的偿债能力越强。周转因子反映企业的运营能力,其表现越好,表明资产的利用效果越好,供应链整合的效率越高。只有当持续创新能力与收益因子、资本因子、流动性因子和周转因子都建立正相关关系,汽车产业的综合绩效主要来自于持续创新能力的提升时,中国汽车产业才能真正形成可持续发展。

第五章

基于持续创新能力的中国汽车产业并购整合模式结构

根据前文的定性和定量研究，中国汽车产业通过并购整合提高持续创新能力具有必然性和现实性。本章在界定基于持续创新能力的中国汽车产业并购整合模式概念的基础上，运用战略地图方法构建基于持续创新能力的中国汽车产业并购整合模式结构。

第一节　基于持续创新能力的中国汽车并购整合模式概念界定

本书认为，基于持续创新能力的中国汽车产业并购整合模式是指在汽车产业环境内(包括政府、企业、高校、科研单位和行业组织等)，汽车企业并购双方为有效提高持续创新能力，通过融合并购双方的优势，由影响因素之间的因果关系构成的策略框架体系。

基于持续创新能力的中国汽车产业并购整合模式概念的内涵概括为：主体——中国汽车产业环境内参与并购的汽车企业；目的——通过并购整合提高持续创新能力；方式——融合式；表现形式——策略框架体系。该模式概念的内涵具体分析如下：

第一，基于持续创新能力的中国汽车产业并购整合模式的研究主体是中国汽车产业环境内参与并购的汽车企业。中国汽车产业环境包括政府、企业、高校、科研单位和行业组织等，其中持续创新能力体系的重要核心主体是汽车企业。中国成为汽车产业强国的重要标志就是具有国际一流持续创新能力的汽车企业；同时中国汽车企业的发展离不开整个汽车产业的发展，没有良好的汽车产业发展环境就难以培养世界级的汽车企业。中国汽车产业并购整合不仅要考虑汽车企业内部因素，同时也要考虑产业环境因素。因此基于持续创新能力的中国汽车产业并购整合模式应是在中国汽车产业环境内，以汽车企业为核心，综合考虑政府、企业、高校、科研单位、行业组织等因素的基础上进行研究。

第二，构建基于持续创新能力的中国汽车产业并购整合模式的目的是通过并购整合的方式提高持续创新能力。提高中国汽车产业持续创新能力是中国汽车产业面对的非常紧迫的任务，也是构建并购整合模式的目标。根据前文分析，通过并购整合方式提高持续创新能力具有优越性，同时也是中国汽车产业的现实选择。汽车产业的并购整合不仅仅是有形资源的整合和规模的扩张，而主要是为了持续创新能力的转移和构筑。中国汽车产业并购整合模式是对并购企业对被并购企业的汽车产业价值链中关键环节进行调整、组合、一体化的制度安排，目的是提升汽车产业持续创新能力。

第三，基于持续创新能力的中国汽车产业并购整合方式主要是融合式。中国汽车产业并购整合模式有四种类型，即融合式、共存式、控制式和保护式。中国汽车产业要提高持续创新能力，并购整合模式应首选融合式。采用该策略，经营管理资源需要共享以消除重复活动，业务活动与管理技巧需要重整。在中国汽车产业持续创新能力普遍较低的情况下，通过优势互补、相互促进取得协同效应，是中国汽车产业并购整合最为有效的方式。

第四，基于持续创新能力的中国汽车产业并购整合模式是由具有内在因果关系的策略框架体系组成的。该策略框架体系不是一般性的整合原则，也不是具体的整合技术，而是提出并购整合策略的定位和方向，成为中国汽车企业在具体并购整合过程中的指导和借鉴。基于持续创新能力的中国汽车产业并购整合模式不是约束，汽车企业在应用时可以根据企业具体情况对并购整合模式进行调整。

基于持续创新能力的中国汽车产业并购整合过程极为复杂，涉及汽车产业内部及外部众多因素，因此需要战略的视角指导整个并购整合过程。为了更好地引导中国汽车产业的并购整合行为，本书引入战略地图理论方法构建基于持续创新能力的中国汽车产业并购整合模式结构。

第二节 研究方法

战略地图是卡普兰(Robert Kaplan)和诺顿(David Norton)长期与300多家组织合作的基础上，创造出的战略管理的工具。战略地图提供了分析战略如何将无形资产与价值创造联系起来的框架。

战略地图是平衡计分卡(Balanced Score Card，简称 BSC)的发展和升华。

平衡计分卡提供了描述创造价值的战略框架，描述组织价值创造的四个层面（即财务层面、客户层面、内部流程、学习与成长）模型，为组织提供确定发展方向和优先任务的方式。平衡计分卡不是将战略指标看成四个孤立层面的业绩指标，而是建立四个层面目标之间的一系列因果联系。平衡计分卡理论强调价值创造需要企业多方面的平衡，任何一方面失衡都将会减少价值的创造，这种平衡关系涵盖了企业运行的全过程，需要兼顾财务指标与非财务指标、长期目标与短期目标、企业内部和外部因素之间的平衡。

卡普兰和诺顿在平衡计分卡的基础上，提出了战略地图方法。战略地图的核心就是企业如何创造价值，并为管理制订的战略找到标准化的战略要素检查清单，帮助管理者检查战略规划中有无漏项和缺项①。四个层面的因果关系框架是开发战略地图所依赖的结构。战略地图内在的逻辑结构是：只有客户满意，才能实现财务成果；客户价值层面讲述如何提高目标客户的销售额和忠诚度；内部流程传达并创造客户价值主张；无形资产支持内部流程，是战略目标实现的内在基础。

战略地图中的每个层面具有各自内涵。在财务层面，一般包含成长性战略和生产率提升战略。生产率提升战略一般得益于客户层面和内部流程层面的改善，而成长性战略又会对学习与成长层面产生持续影响。财务层面是企业追求股东价值、实现企业战略目标的最终结果，反映企业战略长短期目标的平衡；在客户层面，只有赢得顾客，才能占有市场，实现营收增长。顾客的需求具有差异化，企业要实现赢得顾客的策略，必须基于顾客的价值差异化。通过内部流程的改善，企业创造出更符合顾客需求的差异化价值，提升顾客满意度，获得市场份额，并为实现财务层面目标创造可能；在内部流程层面，内部流程的创新，是企业创造新价值的动力和源泉。内部流程是企业生产运作的核心环节，是企业消化吸收外部资源、产出内部产品的转换器。企业运用内部人力、信息和组织资本，根据客户层面和财务层面的目标，改善流程，进行价值创造，推动企业战略目标的实现；在学习与成长层面，无形资产与有形资产是企业创新价值必不可少的资源。在学习型组织中，无形资产的价值更为显著。企业通过对该层面的策略性整合，能够为内部流程的运作提供人员、信息和组织保障，为其创造价值、实现股东利益提供基础性保障。

---

① 罗伯特.卡普兰，大卫.诺顿.战略地图——化无形资产为有形成果[M].广州：广东经济出版社，2007.

战略地图实际上是组织交流战略和实施战略的系统。在战略目标明确的前提下，企业依据行动方案的优先次序作为资源分配的基础，从而有效利用有限资源达到最大化战略成果。

根据战略地图的特点，适宜运用战略地图的理论方法构建中国汽车产业并购整合模式结构。中国汽车产业通过引入战略地图的执行体系，在整个组织内建立战略平台，充分整合优化组织的各类资源，提供一系列的方法把战略目标从上至下进行分解，形成战略执行管理系统。

第三节 影响因素调查分析

中国汽车产业并购整合过程极为复杂，涉及汽车产业内部及外部多种影响因素。为确定基于持续创新能力的中国汽车产业并购整合各项影响因素和指标体系，本书运用德尔菲法进行调查分析。

1. 调查样本

根据战略地图理论，课题组提出基于持续创新能力的中国汽车产业并购整合模式指标的调查问卷(见附件1)。第一轮咨询共发出调查问卷20份，有效问卷19份。第一轮有效样本中，汽车企业专家8人，高校专家5人，科研机构专家3人，汽车行业协会专家3人。从参加第一轮咨询的专家中选出16位积极性、权威性较高的专家进行第二轮咨询。第二轮咨询共收回有效问卷15份。第二轮有效样本中，汽车企业的专家7人，高校专家4人，科研机构专家2人，汽车行业协会专家2人。第三轮咨询共发出专家咨询表15份，收回有效问卷15份，专家构成与第二轮调查相同。

2. 调查分析过程

在第一轮调查后，整理调查问卷的信息，结合专家的不同意见进行修改完善，修改后的结果重新发放给各位专家；专家在反馈信息的基础上，提出修改建议；再进行第三轮调查，进行修改后确定最终的影响因素指标。

1) 第一轮调查分析

(1) 一级指标咨询情况分析。专家对于一级指标表示基本赞同。只有1位专家建议将一级指标中的“规范环境整合”归类于内部流程协同。课题组经过研究后，决定采取专家的建议。

(2) 二级指标咨询情况分析。对于市场整合指标方面，有3位专家认为，近年来的政府汽车采购比例不断上升，可将政府作为一个特殊的消费者列入市场整合的对象中。但课题组认为在“规范环境流程整合”指标中已体现出政府的作用，决定不予采用。

对于品牌整合中的二级指标，有1位专家认为目前汽车企业的合资品牌所占份额较大，不应该只考虑自主品牌。但课题组考虑到自主品牌的销售额能够直接反映中国汽车产业持续创新能力，故不予采纳。

对于创新流程维度中的二级指标，有2位专家建议将“新产品研发周期”替换为“产品研发成功率”，课题组经过讨论后决定采纳该建议。

对于人力资源一级指标中的二级指标，有2位专家建议将“中高级人才流失率”改为“创新人员比例”，课题组与专家沟通后，决定采用专家建议进行修改。

2）第二轮调查分析

第二轮调查结束后，大部分修改后的指标已得到认可。有3位专家建议将指标“产品研发成功率”删除。课题组经过分析后，决定采纳以上专家意见。

对于人力资源一级指标中的二级指标，有2位专家建议将“创新人才比例”变为“专业技术人员比例”，课题组与专家进一步沟通后，决定采用专家建议进行修改。

3）第三轮调查分析

在第三轮调查中，有1位专家对“专业技术人员比例”的名称提出异议，建议改为“研发人员比例”。课题组讨论后，决定采用专家建议。

至此经过三轮专家咨询调查，专家的意见已高度集中并趋于一致，指标体系已确定，如表5-1所示。

表5-1 影响因素指标

维　度	一级指标	二级指标
财务层面	持续创新成长战略	新产品销售收入
		新产品销售收入/产品销售收入
	生产率提升战略	单位成本
		资产利用率
客户层面	市场整合	顾客满意度
		市场集中度
		市场份额
	品牌整合	自主品牌销售份额

（续表）

维　度	一级指标	二级指标
内部流程层面	法规环境整合	污染排放因子
	作业流程整合	技术产品化周期缩短率
	创新流程整合	专利申请量
		产业创新竞争力
		专利情况
学习与成长层面	人力资源整合	研发人员比例
	知识资源整合	R&D投入
		自身R&D投入
		合作R&D投入
		政府与企业R&D投入比率
		技术购置比率
		产学研合作力度
	组织资源整合	创新频率

3. 显著性检验

为验证调查的有效性，本书采用专家排序法进行显著性检验。所谓专家排序法就是根据选取的评价因素，按其重要程度请相关专家依次排序。假设有 n 个因素，请 m 个专家来排序，则结果是 m 行 n 列的数表，每一个因素的序号数是该因素的秩；将 m 个专家对该因素所评定的秩加起来所得数为该因素的秩和，用 R 来表示；第 j 个因素的秩和用 R_j 表示，d_j 表示第 j 个因素的权重，则权重的计算公式如式(5-1) 所示：

$$d_j = 2[m(1+n) - R_j]/[mn(1+n)] \tag{5-1}$$

在调查得到关系式权重后，对调查结果进行显著性检验。检验方法如下：

(1) 假设 H_0：m 个专家对 n 个因素的重要程度看法是不一致的；

(2) 计算统计量：计算公式如式 5-2 所示：

$$X^2 = m(n-1)W \tag{5-2}$$

W 的计算公式如式 5-3 所示：

$$w = 12S/[m^2(n^3 - n)] \tag{5-3}$$

S 的计算公式如式 5-4 所示：

$$S = R^2 + R_2^2 + \cdots + R_n^2 - (R_1 + R_2 + \cdots + R_n)^2/n \tag{5-4}$$

(3) 根据显著性水平 α 及自由度 $df = n - 1$，查 X^2 值表得到临界值 $X_\alpha^2(df)$；

(4) 结论：若 $X^2 \geqslant X_\alpha^2(df)$，则否定 $H_。$，即认为 m 个专家看法是显著一致的；若 $X^2 < X_\alpha^2(df)$，则 $H_。$相容，即 m 个专家看法还没有达到显著一致的程度，应建议专家对 m 个因素的重要程度再次进行排序，直至达到显著一致为止。

按照上述公式，根据一级指标权重调查结果（如表 5-2 所示），计算权重：$d_1 = 15\%$，$d_2 = 6\%$，$d_3 = 13\%$，$d_4 = 14\%$，$d_5 = 6\%$，$d_6 = 6\%$，$d_7 = 14\%$，$d_8 = 11\%$，$d_9 = 9\%$，$d_{10} = 6\%$；

由于 $m = 19$，$n = 10$，$R_1 = 48$，$R_2 = 146$，$R_3 = 71$，$R_4 = 66$，$R_5 = 145$，$R_6 = 147$，$R_7 = 65$，$R_8 = 99$，$R_9 = 115$，$R_{10} = 143$，得 $S = 14148.5$，$W = 0.4750608$，故 $x^2 = 81.24$。

取 $\alpha = 0.01$，由 $df = 10\text{-}1 = 9$，查表知 $x^2 0.01(9) = 21.67$。

因 $x^2 = 81.24 > 21.67$，故否定 $H_。$，即认为对该调查结论，专家看法是显著一致的。

表 5-2　一级指标权重调查结果

	持续创新成长战略	生产率提升战略	市场整合	品牌整合	政策与环境因素整合	作业流程整合	创新流程整合	人力资源整合	信息资源整合	组织资源整合
专家 1	1	8	4	2	10	7	3	6	5	9
专家 2	3	6	1	4	7	8	2	5	10	9
专家 3	2	10	8	1	3	9	5	4	6	7
专家 4	2	9	3	4	10	5	1	6	7	8
专家 5	1	5	4	7	9	6	3	8	2	10
专家 6	7	8	1	2	10	9	4	3	5	6
专家 7	2	9	3	4	7	8	1	5	6	10
专家 8	3	10	2	1	8	9	4	7	6	5

（续表）

	持续创新成长战略	生产率提升战略	市场整合	品牌整合	政策与环境因素整合	作业流程整合	创新流程整合	人力资源整合	信息资源整合	组织资源整合
专家 9	4	9	1	5	6	10	2	3	8	7
专家 10	1	8	5	6	10	9	4	2	7	3
专家 11	2	6	3	4	5	7	1	10	9	8
专家 12	4	5	9	3	8	6	7	1	2	10
专家 13	2	3	1	6	9	10	4	7	5	8
专家 14	3	10	2	1	9	8	5	4	6	7
专家 15	1	6	10	2	5	4	3	9	7	8
专家 16	4	10	3	1	7	8	2	5	6	9
专家 17	2	9	7	1	5	8	3	4	10	6
专家 18	1	8	3	4	7	10	2	5	6	9
专家 19	3	7	1	8	10	6	9	5	2	4
秩和 Rj	48	146	71	66	145	147	65	99	115	143

4. 权威性检验

本书采用权威系数衡量专家的权威性。

权威系数 (Cr) = (Cs + Ca)/2，其中，Cs 是指专家对所调查问题的熟悉程度，Ca 是指专家做出判断的依据。

本书根据专家熟悉程度自我评价表（如表 5-3 所示），对自我评价标准系数确定权重，并将计算所得的各指标权重进行分配，得到各个一级指标权重，在此基础上计算熟悉程度系数；然后根据判断依据对专家判定的影响程度评价表（如表 5-4 所示），计算各个判断依据系数。

表 5-3　专家熟悉程度自我评价表

一级指标	非常熟悉			较熟悉			熟悉			一般			不熟悉		
	权重	人数	熟悉程度系数	权重	人数	熟悉程度系数	权重	人数	熟悉程度系数	权重	人数	熟悉程度系数	权重	人数	熟悉程度系数
持续创新成长战略	0.135	6	0.81	0.105	9	0.945	0.075	4	0.3	0.045	0	0	0.03	0	0
生产率提升战略	0.054	7	0.378	0.042	10	0.42	0.03	2	0.06	0.018	0	0	0.012	0	0
市场整合	0.117	9	1.053	0.091	7	0.637	0.065	3	0.195	0.039	0	0	0.026	0	0
品牌整合	0.126	7	0.882	0.098	8	0.784	0.07	4	0.28	0.042	0	0	0.028	0	0
政策与环境因素整合	0.054	5	0.27	0.042	9	0.378	0.03	5	0.15	0.018	0	0	0.012	0	0
作业流程整合	0.054	6	0.324	0.042	7	0.294	0.03	4	0.12	0.018	1	0.018	0.012	1	0.012
创新流程整合	0.126	7	0.882	0.098	8	0.784	0.07	3	0.21	0.042	1	0.042	0.028	0	0
人力资源整合	0.099	5	0.495	0.077	7	0.539	0.055	6	0.33	0.033	0	0	0.022	1	0.022
信息资源整合	0.081	4	0.324	0.063	9	0.567	0.045	6	0.27	0.027	0	0	0.018	0	0
组织资源整合	0.054	6	0.324	0.042	5	0.21	0.03	8	0.24	0.018	0	0	0.012	0	0
总计	0.9	62	5.742	0.7	79	5.558	0.5	45	2.155	0.3	2	0.06	0.2	2	0.034

表 5-4　判断依据对专家判定的影响程度评价表

判断依据	影响程度大			影响程度一般			影响程度小		
	标准系数	人数	判断依据系数	标准系数	人数	判断依据系数	标准系数	人数	判断依据系数
理论分析	0.2	11	2.2	0.1	8	0.8	0.1	0	0

（续表）

判断依据	影响程度大			影响程度一般			影响程度小		
	标准系数	人数	判断依据系数	标准系数	人数	判断依据系数	标准系数	人数	判断依据系数
实践经验	0.3	15	4.5	0.3	4	1.2	0.1	0	0
国外文献	0.1	3	0.3	0.1	9	0.9	0.1	7	0.7
国内文献	0.1	4	0.4	0.1	13	1.3	0.1	2	0.2
直观感受	0.3	12	3.6	0.2	6	1.2	0.1	1	0.1
总计	1.0	45	11	0.8	40	5.4	0.5	10	1

根据以上公式，计算如下：

Ca = 各判断依据系数之和/专家人数=(11+5.4+1)/19=0.916

Cs = 各熟悉程度系数之和/专家人数= (5.742+5.558+2.155+0.06+0.034)/19=0.713

$Cr = (Cs + Ca)/2 = 0.815$

由于 $Cr > 0.70$，因此专家的权威程度较高，调查结果可信。

5. 案例分析

本书运用以上影响因素对上海汽车集团股份有限公司与南京汽车集团有限公司并购案例进行具体分析。

1) 上汽集团、南汽集团及罗孚集团概况

(1) 上汽集团概况。上海汽车集团股份有限公司(简称“上汽集团”，股票代码为600104)是国内A股市场最大的汽车上市公司。2011年，通过向上海汽车工业(集团)总公司及上海汽车工业有限公司发行股份，购买独立零部件、服务贸易和新能源汽车业务的相关股权和资产，上汽集团实现资产重组整体上市，总股本达到110亿股。

上汽集团主要业务涵盖整车(包括乘用车、商用车)、零部件(包括发动机、变速箱、动力传动、底盘、内外饰、电子电器等)的研发、生产、销售，以及汽车服务贸易业务(包括汽车金融)。上汽集团以“满足用户需求(S)、提高创新能力(A)、集成全球资源(I)、崇尚人本管理(C)”为核心价值观，提出集团四大工程(用户满意工程、全面创新工程、全球经营工程和人本管理工程)，以建设成为品牌卓越、员工优秀、具有核心竞争能力和国际经营能力的汽车集团。

上汽集团与德国大众、美国通用等汽车公司长期合作，拥有上海通用、上海大众、上汽集团双龙、上汽通用五菱、上海申沃等合资企业；与此同时，上汽集团加快自主品牌建设的步伐，推出荣威品牌。上汽集团已在上海、沈阳、烟台、青岛、仪征、柳州等地建立了生产基地，并在欧美、日韩、香港设有海外公司。

2003年上汽集团销售收入达1862亿元人民币，整车产销将近80万辆。2006年整车销售超过134万辆，成为全国销量第一的汽车集团，并以143.65亿美元的销售收入，进入《财富》杂志世界500强。2007年整车销售超过169万辆。2008年整车销售超过182.6万辆，以226亿美元的合并销售收入，位居《财富》杂志世界500强企业的第373名。2009年以248.22亿美元的合并销售收入，位列《财富》杂志世界500强企业第359名。2010年，连续5年入选“中国制造业500强”的榜单。2011年，上汽集团整车销量达到401.2万辆，继续保持国内汽车市场领先优势，并以上一年度542.57亿美元的合并销售收入，第七次入选《财富》杂志世界500强，排名第151位，比2010年上升了72位。2012年以2011年度合并报表672.548亿美元的销售收入，位列《财富》杂志世界第130名。

(2) 南汽集团概况。南京汽车集团有限公司(简称“南汽集团”)的前身是1947年成立于山东临沂的部队枪械修理所，之后逐步从修理枪械转为修理汽车，直到1958年制造出中国第一辆轻型载货汽车即跃进牌汽车，南京汽车制造厂才正式成立。1995年组建成为跃进汽车集团公司。2003年南汽集团正式揭牌，由5家公司(跃进汽车集团公司、中国信达资产管理公司、中国华融资产管理公司、江苏省国信资产管理集团有限公司、江苏交通产业集团有限公司等)共同出资重组形成。

南汽集团是特大型的汽车骨干生产企业，拥有资产总额达120亿元，拥有25家控股子公司(7家为中外合资)，7家参股公司(2家为中外合资)，400余家关联企业，其中有4家整车生产公司，即南汽集团跃进、南京菲亚特、南京依维柯、南汽集团新雅途，生产四大品牌系列，即跃进、菲亚特、依维柯、新雅途等车型。另外，南汽集团还拥有铸、锻、装备和一批汽车零部件企业，拥有7个专业研究所、技术中心以及国家级汽车质量监督检验鉴定试验所，并拥有外贸进出口权、博士后科研工作站、中德合办的职业教育中心，与东南大学、南京理工大学、江苏大学、南京工业大学、无锡轻工大学联合组建的跃进汽车工程研究院，科研和生产经营体系比较完整。

从2005年起，南汽集团从管理体制上着手进行集团改革，改变管理模式及制度，建立板块化结构模式，从根本上激活管理效力，提出了四个目标，即效益南汽集团、数字南汽集团、文化南汽集团、和谐南汽集团。2005年7月22日，南汽集团竞购英国罗孚以及其发动机供应商Powertrain，以此为契机，利用集团拥有的各种资源，开拓南汽集团特色的自主化道路，打造企业自主品牌。

(3) 罗孚公司概况。

① 罗孚发展历程。罗孚公司是英国老牌工业的代表。1877年由约翰·坎普·斯达雷和威廉姆·苏顿共同出资组建罗孚公司。从1903年起开始逐渐研究自动交通工具，第一个成果是使用普通汽油发动机的摩托车，1904年设计、制造出英国第一辆汽车，此后进入汽车制造产业。

从第一次世界大战开始，罗孚生产摩托车以及航空发动机等军工产品，主要代表产品是1948年的四缸1.6升60型轿车和6缸2.1升75型轿车，以及以60型轿车为基础的越野车路虎。1958年上市的一款豪华轿车P5型车，给罗孚带来了真正意义上的辉煌，一度成为当时英国女王和首相的私人用车。

罗孚公司的辉煌由于国内政策的变化而终止。二战结束后，英国为了改善收支平衡，实行关税保护，采取限制国内需求的措施，这在很大程度上影响了英国汽车工业的发展。罗孚公司被英国航空买下，新车均可使用罗孚标志，这极大地降低了其品牌价值，从女王座驾就此沦落为平民轿车。罗孚公司在被英国航空公司经营6年后，被卖给了德国宝马公司。宝马公司为了恢复其高端品牌地位，推出罗孚75、罗孚25以及罗孚45，然而效果并不强于自身的宝马7系列，再加上路虎这一越野品牌的引入使宝马公司亏损，宝马公司将路虎品牌出售给美国福特汽车公司，新的MG-Rover集团成立，罗孚被拆分为MG和Rover两个品牌，之后罗孚汽车与MG跑车被象征性地出售给英国凤凰财团，罗孚至此成为一家独立经营的英国公司。

② 上汽集团与南汽集团收购罗孚。上汽在2002年提出五万辆自主品牌汽车的目标，由于缺乏合适的平台，2004年上汽开始寻求全球合作伙伴。当时罗孚是英国仅存的一家大型的整车批量生产企业，能够满足上汽集团控股和拥有完全的知识产权的要求，成为了上汽最理想的合作伙伴。上汽组织罗孚项目小组到英国了解实际情况，并于2004年6月16日与罗孚签署战略协议。协议中约定首先成立合资公司，研发制造罗孚汽车几乎所有的未来车型，并以中国市场为重点，开发全球的汽车市场。然而在合资审批中，安永会计师事务所与毕马威、德勤等咨询公司都表明，罗孚有可能很快破产。2004年11月上汽以6 700万

英镑购买了罗孚几乎所有的核心技术知识产权，主要有罗孚 1.1L～2.5L 全系列发动机以及 75、25 型两个核心技术平台。2005 年 4 月 28 日，罗孚公司宣布破产。这直接影响到上汽的收购计划。最终上汽从罗孚得到了核心技术的知识产权与完整的研发团队。

南汽集团经过了长达两年的筹划，开始与罗孚谈判，最初计划通过合资的方式重组罗孚。但是在首场竞购中，罗孚选择了与上汽合作。罗孚宣布破产后，南汽集团又开始竞购罗孚的装备技术。在这场竞购中，上汽提出若干前提条件，而南汽无条件竞标，最终南汽成功胜出。2005 年 7 月 22 日南汽集团斥资 5000 多万英镑收购 MGR，该巨额收购款交付给 MGR 的接管人——普华永道。收购后南汽集团组建了一个新的工作小组，进行收购之后的接收工作。南汽集团收购罗孚，主要看中的是汽车技术和设备。通过收购，南汽集团获得了系列发动机和系列整车车型，这些生产装备与技术成为南汽集团开发新车型的重要助力。这主要表现在三个方面：一是获得整车技术，帮助南汽集团研发自主品牌轿车；二是弥补南汽集团高档车短板。南汽集团一直以来都生产轻型车，虽然后来也与外企合资进行轿车生产，但总体上还是以小型家用车为主，在中高端品牌上的产品较缺乏。通过收购罗孚这一车型齐全的欧洲百年老店，可以优化南汽集团的产品结构；三是罗孚的发动机尤其是柴油发动机的生产，能够盘活已有资产，并进一步优化企业的产品结构。

2）并购历程

上汽集团曾经是以制造销售乘用车为主的企业，但上汽集团通过各种兼并重组，快速发展延伸到商用车等领域，构建起具有多元化的产品结构。目前已发展为集研发、整车生产、零部件供应以及服务贸易为一体的完整产业链。2002 年收购通用大宇 10%的股权以及重组五菱，2004 年联合重组金杯通用、收购双龙汽车 48.92%的股权，2005 年并购青岛颐中、合作重组重庆红岩等。对上汽集团意义非凡的重大并购当属上南合作。主要并购过程如下：

2007 年 4 月 18 日，上南合作正式启动。在上海国际汽车会前夕，作为东道主的上汽集团董事长胡茂元在招待汽车业人士时，提到上汽集团将在长三角汽车工业发展方向上解决相应问题。

2007 年 4 月 19 日，在上汽集团的上海车展新闻发布会上，胡茂元董事长以法人代表的身份，向南汽集团表示合作大门永远对南汽集团敞开，希望通过双方合作共同发展中国的自主品牌。

2007 年 6 月 6 日，南汽集团董事长王浩良公开回应合作事宜，表示从未关闭与上汽集团合作的大门，希望合作能站在集团的角度，而不仅仅是项目的角度，合作方式希望是国有股减持。

2007 年 7 月 27 日，上汽集团与跃进汽车集团在上海签署全面合作意向书。双方宣布，以全面合作为原则，成立联合工作小组，对整车、零部件以及服务贸易等领域对全面合作方案进行规划。这是上南合作迈出的实质性的一步。在签署意向书的同时，也确定了部分重要事宜，即南汽集团的注册地、名称保持不变，GDP 和税收仍旧留在南京市。

2007 年 8 月初，尽职调查。尽职调查是上南合作谈判的重要环节，上汽集团派财务顾问与律师进驻南汽集团，进行全方位的尽职调查，最终确定了对价比例、支付对价方式等。

2007 年 12 月 26 日，双方在人民大会堂正式签订全面合作协议。上海汽车以 20.95 亿元购买了跃进整车以及紧密零部件资产，跃进持上海汽车 3.2 亿股的股份、东华公司 25%的股权。重组后，跃进汽车集团资产分为两个部分，整车和汽车核心零部件资产融入上海汽车，剩余的零部件及服务贸易资产与上汽集团共同投资组建东华公司。

至此，持续八个月的我国汽车工业史上最大并购案即上汽集团并购南汽集团最终达成。并购后的企业整合随之展开。

3）并购整合过程分析

上南合作对长三角地区汽车工业合作具有重要意义，是中国汽车工业史上一座重要的里程碑。同处于长三角地区的上汽集团和南汽集团的合作不仅能推动跨区域经济发展，促进长三角地区的产业结构优化，还能促进我国汽车工业的资源优化配置，提高自主品牌的竞争力。这一举措能实现双方在研发、资源以及资金等方面的共享。通过在汽车整车业务、核心零部件上的协同作用，在自主品牌建设、商用车发展、存量资产盘活以及零部件和汽车服务贸易方面形成互补。在增强上汽集团自身实力的同时，还能将南汽集团建设成为重要的汽车生产制造基地，达到共同发展的双赢目的。双方的并购整合内容主要包括以下方面：

（1）财务协同。

① 生产率提升效应。有效降低各种形式的交易费用、提升生产效率是并购整合的主要内容。根据荣威和名爵并购前各自的发展计划，双方需投入巨额资金。上汽集团耗资 6700 万英镑购买了罗孚 75、25 及其发动机技术，为建立自主品牌，初期又投入 36.8 亿元人民币，生产规模达到年生产整车 12 万辆、发动机

17万台。依据上汽集团自主品牌发展规划，计划在5年内推出基于5个不同车型平台的共计30款产品。相比上汽集团，南汽集团资金实力不足，为了发展名爵，需要付出更大代价。南汽集团最先花费8亿元收购MGR及动力总成公司全部资产，随后又确定了MGR项目生产20万辆整车、10万台变速箱以及25万台发动机，总计资金达35亿元，实际到位18亿元。这些都显示出双方单独运作的成本都很高。荣威和名爵都是英伦血统，无论是整车还是零部件，很多地方都有相似之处。比如首款产品荣威750、名爵7系列，都来源于罗孚的相同一款产品平台。上汽集团并购南汽集团后，可以将荣威、名爵统一生产，既能提高生产设备的专业化水平，又能提高企业的生产效率。通过调整生产规模，计算最优生产规模，从而利用规模经济，降低生产成本，同时可以加强生产协作，降低中间环节耗费的运输及储存成本。

② 创新增长效应。上汽集团在资产、规模和研发等各方面都远胜于南汽集团，如表5-5所示。2007年上汽集团全年整车销量同比增长25.8%，超过169万辆，继续位居国内第一。其中乘用车同比增长24.3%，销量为113.7万辆；商用车同比增长29%，销量55.3万辆。从同比增长的比例可见，上汽集团规模不断扩大，这需要有不断增长的资源补充以保持平衡。另外，上汽集团虽然在国内汽车市场上处于领先地位，研发中心的实力较强，资金基础雄厚，但也存在自身的缺陷，如产品线的完整程度、自主品牌的建设以及零部件贸易等明显不足。上汽集团急需弥补这些方面的缺陷，以便更好地成长，但这需要耗费大量时间和费用。

表5-5　上汽集团与南汽集团部分经济指标对比

部分经济指标对比	2006年	
指标名称	上海汽车工业(集团)总公司	南京汽车集团有限公司
全年工业总产值(当年价)/万元	14 668 751	1 100 608
汽车工业产品产值/万元	14 494 117	1 100 608
工业增加值/万元	3 384 048	243 542
年末从业人数合计/人	73 392	14 300
研究开发费用/万元	400 133	42 410

（续表）

部分经济指标对比	2006 年	
指标名称	上海汽车工业(集团)总公司	南京汽车集团有限公司
年末主要设备拥有量/台	25 034	8 384
年末资产总计/万元	13 844 725	1 260 644
主营业务收入/万元	17 503 082	998 065
利税总额/万元	2 562 319	62 036

数据来源:2006 年汽车工业年鉴

并购南汽集团能快速提供上汽集团所需要的异质性资源，使双方优势资源互补。一方面，上南合作后，南汽集团最主要的优质资产——商用车，将使上汽集团的“短板”得以弥补；另一方面，上汽集团的荣威、南汽集团的名爵这两大品牌，都源于英国罗孚汽车公司，上汽集团和南汽集团的合并，可将其差异定位，对两个品牌进行一体化管理，生产基地不以品牌为区分，避免重复建设，从而促进企业的快速增长。

面对媒体关于南汽集团是否会影响公司盈利的问题，上汽集团董事长表示，在合并初期对上汽集团盈利的影响不会太大，而且由于上海原有基地会有一定程度的增长，这能够抵消南汽集团可能造成的部分短期影响，并表示南汽集团在未来会成为公司新的经济增长点。上汽集团在合并初期付出 3.2 亿股股权、20.95亿元现金之后，将继续对南汽集团进行资金投入，计划三年内在南汽集团项目注资 85 亿元，改变净资产收益率低的局面，并通过上汽集团与南汽集团在自主品牌上、商用车领域的合作，形成更全面的产品结构。

上汽在整合过程中着重培养南汽原有车型的创新能力。2005 年南汽集团“蛇吞象”，花费5 300万英镑买来 MG 罗孚，然而之后却因为资金、人才等方面的原因而遭遇困境，上汽集团并购南汽集团后投入 25.66 亿元重振名爵。在 2008 年 10 月的名爵二期启动仪式上，名爵公司负责人表示，名爵二期的启动，标志着名爵已开始进入自主创新的阶段。上汽集团高调的启动仪式以及新注入的 25.66亿元的资金，传达的是做大做强名爵的决心。虽然当时的全国汽车产销在不断下降，第三季度的增幅同比也有较大回落，上汽集团仍然加大对南京基地的投入，加快名爵自主品牌的建设步伐，这一举措显示了上汽集团对名爵寄予的希望。南京基地的名爵二期项目主要包括一个全新的 A 级车平台、四款新车型配置新开发的发动机生产线（NSE 系列），这些平台的开发都是消化吸收后自主创新的结晶。A级车平台落户南京，主要将开发4款新车型，即两厢、三厢轿车、小型MPV以及按MG品牌特征进行改型设计的中级车。NSE系列发动机也是自主研发成果，排量为1.3升至1.6升，已达全球领先的水平。上汽集团决心集合旗下英国、韩国、上海以及南京基地的力量，努力打造名爵为国内一流的汽车品牌。

(2) 资产融合。

资产的融合是一项复杂工程，盘活南汽集团的资产不是一蹴而就的。一位上汽集团高层曾形象比喻并购就像是买一篮子苹果，不能期望每个都是好苹果，应去芜取菁，不能让烂苹果传染给好的苹果。本着"全面合作，融为一家"的精神，上汽集团在整合过程中，特别注意对南汽集团所拥有的资产进行评估，区分其领域与质量，并分别与上汽集团旗下的不同企业进行对接，便于实现资产的有效融合。

在上南合并前，先定价还是先审计成了双方僵持的问题。南汽集团对于资本市场的定价规律并不熟悉，但是从连连上升的上海汽车股价，以及诸多证券市场上的并购失败案例中，南汽集团开始意识到定价的基本规律。同时，上汽集团、国有出资人也考虑到南汽集团不是上市公司，享受不了资本市场的增值效应，故应酌情将其资产增值考虑在内，出资人决定进行一定比例的对价上浮。上汽集团对南汽集团审计结束后进行定价，讨论后决定了对价比例、支付方式等内容。

① 按照上南全面合作协议，跃进集团下属的整车资产(跃进、南京菲亚特、名爵及其英国基地、依维柯以及无锡新雅途)与宁波前桥、南汽集团专用车公司、南汽集团研究院等融入上海汽车(上汽集团拥有其83.83%的股份)，其他零部件和服务贸易资产置于东华公司。上海汽车出资20.95亿元，跃进集团也得到上海汽车(600104.SH)3.2亿股的股份以及东华公司25%的股权。上汽集团向跃进集团划转的3.2亿股股份，按照12月25日的上海汽车收盘价27.01元计算，相当于86亿余元，再加上20.95亿元的现金，上南合并总计金额过百亿[①]。同时，跃进集团也特别承诺不会产生与上海汽车同业竞争的现象。

② 整合前的南汽集团实力薄弱、负债较多，合资项目也进展得并不顺利，中外双方存在较大的分歧。南汽集团与菲亚特的合资公司南亚公司，长期经营不善，年产量为6万辆，然而历年很少满产。从1999年成立以来，只有两年是盈利

---

① 李永钧. 透视"上汽南汽合作"[J]. 汽车工业研究，2008(3)：8-11.

的，共计2.22亿元，其余年份都处于亏损状态，2007年南京菲亚特亏损就达11亿元。直到上南合作，累计亏损已达22.2亿元，这已经远高出资产净值。在轿车领域，上汽集团已经拥有与德国大众、美国通用的合作伙伴，并购南汽集团意味着要增加亏损严重的南亚，这对于上汽集团来说是很大的累赘，况且其产品与上汽集团现有的产品有较大的重复度，效益并不会太可观，甚至会拖累集团整体的发展。考虑到上述情况，上汽集团与南汽集团的董事长讨论后，决定为了长远利益，与菲亚特公司解除合资。通过艰苦的谈判，在上汽集团与南汽集团签约的前五天，菲亚特汽车集团同意与南汽集团友好分手，退出南京菲亚特，重新寻找乘用车领域的合作伙伴。双方同时宣布，通过长期斟酌，为了便于各自专心于中国乘用车的业务调整，本着对合资公司负责的精神，达成了一致意见，最终签署菲亚特汽车集团退出南京菲亚特的相关股东权益转让协议，南汽集团与菲亚特以1欧元分手，也获得了国家发改委的批复。南汽集团在与菲亚特分手时，象征性地出资1欧元，收回了南京菲亚特另外50%的股权。之所以会有这种象征性的退出，主要是因为南京菲亚特之前已经开始连续亏损，甚至传闻已经资不抵债。菲亚特在撤走的时候也带走了相关的专用设备，不过这不会影响到上汽集团目前拥有的南京菲亚特的资产质量。

在南汽集团与菲亚特分手后，为了发挥南京菲亚特公司剩余资产的作用，上汽集团说服德国大众汽车公司，将南京菲亚特的工厂改为上海大众的新基地。上海大众通过收购南京菲亚特的资产，成立其第四工厂。这一方面解决菲亚特品牌撤出的善后问题，另一方面为上海大众成熟车型的生产做准备，在节省投入资金的同时，还能提前新车上市日期。上海大众从南京菲亚特获得的资产包括生产设备、土地和建筑物等，土地以外的资产价值至少为5500万元人民币，而土地价值按照当时地价来算的话，要高于17亿元人民币。因此，上海大众在时间和成本角度上都是受益的。2008年4月1日，上汽集团全面完成对南汽集团的收购，4月18日，上海大众南京分公司在江宁开发区挂牌成立。对生产线进行改造升级后，上海大众汽车公司在南京生产基地生产了第一个产品——桑塔纳志俊。1300多名员工不但没有下岗，反而因为上汽集团对工厂的改造，获得了更高的工资收入。在此之前虽然市场需求较旺，但上海大众公司由于缺乏生产基地，产能瓶颈问题明显，随着新的生产基地投产运行，上海大众公司的产销问题得以有效解决。

(3) 品牌整合。

双方当时收购英国罗孚技术的目的都是希望站在高起点上制造中高档自主

品牌汽车。上汽集团从罗孚购买的是软件，包括斥资6700万英镑获得的罗孚75、25这两款车型、整个系列发动机的知识产权和大部分研发团队，在此基础上生产自主品牌荣威；南汽集团从罗孚购买的是硬件，收购了罗孚破产后的全部剩余资产及技术，以此生产自主品牌名爵。因此上汽集团与南汽集团一度还是竞争对手，各自拥有罗孚的一部分但发展速度较慢，而且这样的竞争对于公司以及品牌来说都是不利的。另外，荣威和名爵存在很高的技术相似性，目标客户群有较大的相似度，种种因素表明这两者继续单独发展是有弊端的，不利于健康快速发展。

上南合作使这两个品牌从最初的竞争对手转为合作伙伴。荣威有罗孚的技术资源，名爵有罗孚的硬件与品牌资源，因此在合作中存在很大的互补性。但在由竞争改为合作的转换过程中，应妥善解决品牌的定位、两地生产的分工以及南京生产基地的投入改造等问题。上汽集团在研发能力、战略规划与执行能力、营销实力以及资金上都有着较大的优势，但面临知识产权瓶颈，并购南汽集团可以说是壮大自身的机会。上汽集团可以从南汽集团获得名爵所拥有的整车、发动机生产线以及品牌资源，便于学习国际先进轿车制造的核心高端技术。与此同时，两者的全面合作能够发挥品牌互补优势，充分利用资源，避免重复建设，资产运作更有效率，形成上汽集团最主要的自主品牌建设基地。

荣威和名爵都是中高档轿车，明确细分市场、错位竞争，才能达到双赢效果，避免出现争夺客户的现象。上汽集团在与德国大众、美国通用多年来的合作过程中，积累了丰富的多品牌运营经验。为了使这两个品牌独立运营的同时又能相互促进，上汽集团在比较两者不同的特点与成长性后，对其进行了差异化定位：将荣威定位于中高端市场，具有绅士品味的一款汽车产品，继续发挥在国内市场上拥有的强大品牌号召力；将名爵品牌视为一款高附加值的个性化运动型品牌，这种定位既能体现名爵品牌的性能优势和品牌历史沉淀，又不与荣威品牌冲突。在利用名爵国际市场品牌影响力开拓海外市场的同时，开创国内高附加值、运动型汽车的新市场。

两大品牌在差异化定位的同时，在整车产品上互通互惠，充分利用互补资源，实现资源合理配置，整体上提高品牌竞争力。由于荣威和名爵品牌的车型具有很多共性，生产和销售层面可以全方位进行整合，便于达到品牌的协同效应。在车型研发方面，开发共同车型平台，使二者能共用发动机、车身和底盘等部件。至于两个品牌的不同形象与客户的不同需求，可以再分别对细节进行调整。这种模式是通用汽车采取的全球平台策略，即研发基地研究出车型平台后，针对全球不同市场的需求以及不同的品牌，对汽车的内外饰做不同的调整，生产出不同顾客类型所需要的车型。这能帮助上汽集团在很大程度上降低研发成本，后期的车型也能因此获得规模效应。另外，上汽集团在生产方面也进行了统一规划，以平台为划分进行相应的生产布局，两个品牌的六大系统都在同一平台上完成生产，主要包括前后桥、变速箱、发动机、传动系统、自动系统与转向系统。A 级车可在浦口厂进行生产，B 级与 A0 级主要在上海临港厂和仪征厂生产。具体整合过程如下：

① 荣威品牌是上汽集团基于英国罗孚 75 技术核心，结合欧洲豪华车的技术，建立起来的自主品牌。通过上海汽车技术中心中国本部、韩国双龙研发中心和英国技术中心的共同研究，结合英国、韩国的研发经验所得，针对中国的消费需求进行相应的平台开发研究。荣威品牌的第一款车是荣威 750，采用 2.5 和 1.8T 两款发动机，在所有自主品牌的高端车中居于领先的水平。但研发费用投入太大，产能利用率较低，后来又以荣威 750 为基础推出了荣威 550，主打数字化轿车的概念，与荣威 750 共用 1.8T 发动机，上市初期市场表现就较好，改善了荣威品牌整体的业绩。

② MG 名爵作为国际品牌，上南合作后上汽集团领导层决定将这个有着 80 多年历史的品牌进行着力打造。摆在上汽集团面前的名爵未来发展存在三方面问题：首先，如何消化吸收已有资产；其次，如何在新的产品平台上与荣威形成协同效应；再次，如何将名爵从研发、采购、生产布局到营销整体上融入上汽集团。上汽主要采取以下措施：首先，新品投放，注重质量。名爵新品投放按照原计划依次推出 MG3、MG7 与搭载 1.8T 发动机的新款 MG7。春节期间，上汽集团南汽集团还在沪宁两地之间进行名爵的试车活动，从试车过程中了解生产的产品质量与性能情况以及发现其中存在的各种问题，并跟踪解决；其次，建立协同平台。在两个品牌分别运作的同时，尽可能发掘更多的资源共享，如 MG7 1.8TAT车型中的自动变速箱，搭载的就是上汽集团的自动变速箱，名爵不论做出何种产品规划，都需得到上海汽车品牌与产品战略委员会的批准。另外，部分南汽集团名爵的研发人员被派入上汽集团的研发团队，参与学习与研发，从而增强名爵的研发能力；名爵在其他各个方面，如成本管理体系、精益制造管理体系、全球整车开发流程和质量体系等方面都逐渐引入上汽集团的管理体系，逐步建立各个具体流程，直到完全融入上汽集团。

(4) 销售与供应协同。

两种自主品牌上汽集团荣威与南汽集团名爵，在技术、零部件方面共享性很强，上南合并应在供应和销售上产生协同效应。

在供应上，以平台战略为基础，荣威、名爵对零部件的采购进行了统一管理。随着规模的扩大，采购成本得以降低，即每辆车的平均物料成本因此降低。上汽集团、宝钢集团与东华公司在南京签订关于模具项目的合作协议，提出对南汽集团模具装备有限公司进行重组，宝钢和上汽集团各拥有35%的股份，东华公司占30%。宝钢借此机会充分发挥在新材料研发与供应方面的优势，提高成本、技术上的竞争力。上汽集团则发挥行业内龙头老大的优势，继续扩大自身规模，提高市场占有率。这一合作反映了汽车制造业与钢铁生产业的紧密合作，能优化长三角地区汽车与其关联产业的资源配置，对汽车工业的结构调整与优化升级具有重要的意义。

在销售上，上汽集团组建名爵和荣威的销售团队，专门负责这两大品牌的营销，对之前分散的经销商进行并网运行，从而产生了最大程度上的协同效应。上汽集团的营销经验能帮助解决南汽集团名爵遇到的市场营销危机。

(5) 生产线整合。

① 乘用车整合。

a. 菲亚特整合。对于南京菲亚特的存量资产问题，上汽集团提出用整体资源来解决，即上汽集团董事长胡茂元定义的“反弹琵琶”。因为上海大众前几年通过产品的更新、市场的整顿等，产品结构已经逐渐改变，生产管理与市场营销水平都随之上了一个台阶。在业务扩大后，新产品的需求量随之增加，因此新的生产基地需要投入建设。利用南亚现有的设备资源，能低成本地解决上海大众的产能瓶颈问题，将其建设为上海大众的新基地。上汽集团将其改建为上海大众南京分公司。

上南合作后，上汽集团进驻南亚，开发上海大众的新基地，从车身制造设备、整车装配线到厂区环境等各方面，对南京菲亚特的生产厂房进行全面改造。由于南京的生产成本低于上海，制造厂转向南京也是大势所趋，但同时面临在短时间内完成改造的挑战。原南亚的1300名员工没有下岗，全部被派到上海，按上海大众的规范进行培训；工厂设备及生产工艺的流程也是依据上海大众的标准。从2008年1月进驻南亚开始，到当年4月1日开始出车，仅花了三个月的时间；当年6月，上海大众南京工厂正式开始投产，当年就盈利；当年10月，月产量超过一万辆，对当地增税近两亿，打破了之前南亚的记录。南亚资产短时间内被盘活，改造成功，员工非但没有下岗，反而每个月的收入提高了一倍以上。

对于南京菲亚特原有的16万用户，南汽集团总裁俞建伟表明，本着高度负责的精神，继续提供应有的技术支撑与售后服务。南汽集团董事长王浩良也表明，南汽集团与菲亚特中止的只是在乘用车方面的合作，这并不影响双方在商用车领域与零部件领域的合作。上南合作后，上汽集团的商用车与零部件业务仍与菲亚特汽车及其旗下的依维柯有合作关系，上汽集团董事长胡茂元表示愿意加大投入，加强与菲亚特的合作。

b. 名爵整合。上南全面合作后，自主品牌是该合作中协同性与资源共享率最高的平台。荣威、名爵分别是属于上汽集团、南汽集团的自主品牌，上汽集团实行的是双品牌战略。名爵整车资产归属于上海汽车，由上海汽车乘用车分公司对荣威、名爵进行一体化管理，并追加对名爵的投资，完善改造生产线。在生产线的安排上，遵循生产、物流效率的最大化原则。荣威、名爵协同运作，可以提高各生产基地的资源利用率，降低生产成本，避免内耗与重复建设，这进一步推动了上汽集团建设更具竞争力的自主品牌。

据前南汽集团董事长王浩良估计，国内的 MG 名爵项目要运作好，大约需要 100～120 亿元的资金支持，在这之前南汽集团已经投入了 40 亿元左右。这些投资资金主要被用来改造 MG 生产线、更新设备等。改造后名爵的生产能力有了很明显的改观。这一改变有效缓解了生产跟不上销售的尴尬处境。2008 年 3 月 27 日，上海汽车执行副总裁陈志鑫、MG 名爵总经理黄可基与副总经理杨军虎出席江苏媒体见面会，称名爵在未来 5 年内会有 19 款新车上市。在媒体见面会前，名爵 50 多名培训人员赴上海通用东岳公司，接受持续 3 个月的专业培训，而名爵总经理黄可基曾担任过上汽集团通用东岳的总经理。

上汽集团乘用车公司与名爵的管理流程，也开始相互融合，逐渐趋于一致。在上南合作后，名爵逐步导入上汽集团较为先进的综合管理模式。在生产精益管理方面，引进上海通用运用得较成熟的精益制造体系，并专门派员工来到上海通用学习该体系的要点，将管理程序化、文件化与目标化，达到规范操作的目的；在财务管理方面，学习上汽集团预算的刚性与严格控制。在产品的开发流程方面，名爵的新品开发按上汽集团的开发模式、市场导入步骤进行；在产品质量体系方面，按照上汽集团模式："让领导都第一时间驾驶新车，领队进行动态评审"。这种做法现在被作为南汽集团的基本制度，由过去的非必要环节转为现在的不可缺少环节。

② 商用车整合。上汽集团与南汽集团的整合过程中，真正吸引上汽集团的是其优质资产——南汽集团的商用车资产。上汽集团乘用车实力较强，但商用车却是软肋，在产能、市场份额方面均不理想。商用车领域的发展对于上汽集团

非常重要。

上汽集团多年来一直非常重视商用车的发展。2002 年重组五菱，成立上汽集团通用五菱；2006 年重组重庆红岩，2007 年成立上汽集团依维柯红岩商用车公司。然而这些采取的都是内生式发展方式，发展相对缓慢，远不及商用车规模庞大的一汽、东风等集团。并购南汽集团的商用车资产就成为上汽集团跨越式发展的重要手段。

当时南汽集团主要有乘用车、商用车以及零部件业务，其中乘用车包括具有 15 万辆轿车产能的南京菲亚特、6 万辆经济型轿车产能的南汽集团新雅途、20 万辆整车及 25 万台发动机产能的南汽集团名爵；商用车包括具有 6 万辆轻客及 7.5 万台柴油机产能的南京依维柯、10 万辆轻重卡产能的跃进汽车；零部件业务主要包括发动机、变速器等。虽然拥有这些产能，但南汽集团面临体制、观念、地域的多重挑战，企业的行业地位一再下降，效益低下，甚至一度处于淘汰边缘。上汽集团商用车的产品需求，正好与南汽集团商用车的效益不佳形成互补。

上汽集团商用车领域产品系列不全，个别产量也处于较低的状态，而南汽集团则有着较为优质的商用车资源，如表 5-6 所示①。南京依维柯 IVECO 品牌价值高，能与上汽集团形成资源互补，填补上汽集团在轻客市场上的不足，另外南汽集团的跃进品牌，能提高上汽集团在货车市场上的竞争力。南汽集团的依维柯和跃进能分别在中型客车与轻、中型卡车方面完善上汽集团的产品线。

表 5-6 2006 年上汽集团与南汽集团部分车型产量 单位：辆

车型	载货车				客 车			
	小计	重型	中型	轻型	客车小计	大型	中型	轻型
上海汽车工业(集团)总公司	39270	393	0	38877	6440	2627	0	3813
南京汽车集团有限公司	47153	305	3190	43658	14629	0	80	14549

上南合作后，商用车领域的合作进展较为顺利。南汽集团研究院主攻商用车，上汽集团商用车技术中心与其往来较频繁，南汽集团研究院的院长王秋景成为上汽集团商用车技术中心的负责人。双方通力合作研发，充分发挥南汽集团

① 郭淑芳. 从上汽并购南汽看汽车业的发展[J]. 沿海企业与科技，2008(10)：130-133.

在商用车领域已有的优势与经验，进行优势资源的整合。上汽集团通过获得南汽集团的依维柯和跃进等商用车，与自身拥有的上汽集团红岩依维柯、上海汇众和上海申沃形成了一个完整系列的商用车资源。

通过上南合作，上汽集团在国内商用车领域后来居上，形成乘用车市场与商用车市场共同壮大的局面，从由轿车等乘用车为主变成涵盖轿车、轻客、微客、轻卡、重卡等全业务的一个汽车集团。

（6）企业文化整合。

企业文化看似无形，却渗透到企业生产、经营和管理的每一个细节中。在并购韩国双龙集团过程中，上汽集团由于未能事先对韩国双龙的企业文化进行透彻的研习，而导致放弃其股东管理权利，甚至与韩方对簿公堂。与此不同的是，2006年上汽集团正式入主重庆红岩之后，由于其“百日整合计划”的合理实施，取得了良好的效果。这两次结局不同的收购案，对于上汽集团并购南汽集团具有深远的影响力。

上南合作在并购整合初期面临着各方面的挑战，但所有融合的基础都是文化层面上的融合。上汽集团组织南汽集团400多名员工来到上汽集团接受培训，在培训之前，双方负责的人员已经进行过30多次的细致策划与沟通交流。体现上汽集团文化、历史与管理特点的多本书籍，如《上汽集团50年》、《上汽集团文化管理》、《与世界对话》、《人人成为“经营者”管理模式》等，也都被送往新南汽集团、新东华的中高层管理人员手中，并组织研修培训。

（7）人员整合。

由于在上南合作前，上汽集团和南汽集团都进行过整车的生产、制造和销售，两者在研发、生产、销售、服务等方面重复度都较高，因此对应的各领域人员需得到整合。但如何合理安置和正确配置人员、激励留守人员、安抚被裁减的人员，以及如何消除调整员工岗位引起的资源内耗等问题，对于上汽集团来说都是整合工作的重要任务。

南汽集团的优势是商用车，而不是乘用车。并购前的名爵项目主要依赖原先依维柯和菲亚特的人才运行，与拥有成功运作上海通用与上海大众经验的人组成的“荣威团队”形成了较大的差距。上南合并后，上汽集团要将其一系列计划顺利实施，最重要的应是如何成功使南汽集团的1.5万名员工融入上汽集团。

对于此次合作，上汽集团提出了“全面合作，融为一体”、“联而不融，不如不联”等原则。双方还提出了“五统一”，即规划、研发、生产、销售、管理达到统一。但是，由于并购本身触动了很多南汽集团管理层的利益，因此这些原则招致部分管理层反对。针对该问题，上汽集团高层亲赴南京对原南汽集团管理层解释“基本稳定，适当调整，信任支持，融为一家”的总体理念。对于普通员工，上汽集团的承诺是不辞退现有的员工，保证适当增加薪资。对于管理层，南汽集团高层的职位也因此有了相应的调整。原跃进汽车集团兼南汽集团董事长王浩良现任跃进集团的董事长，原南汽集团总经理俞建伟现任南汽集团常务副总经理，原南汽集团名爵总经理张欣则已被上汽集团派往德国大众进行相应的进修。至此，南汽集团进入“大上汽集团时代”。

上汽集团专门组建了合并领导小组。领导小组主要有上汽集团执行副总裁陈志鑫、上汽集团副总裁蒋志伟以及上汽集团规划部执行总监王庆宇。陈志鑫在上汽集团负责的是国产汽车，主要有上汽集团荣威、南汽集团名爵、南汽集团依维柯以及南汽集团跃进卡车，因此荣威和名爵能协同于同一个部门，此后的定位、营销等运行方式以差异化进行，而在技术、零部件方面共享。此外，熟悉并购的上汽集团总裁沈建华也参与其中，负责南汽集团整合事宜。此前，沈建华曾经亲自负责整合中国汽车总公司和收购韩国双龙等项目。同时，双方成立管理委员会和指导委员会，安排近期的重大事项，并要求尽快召开各个不同层面的会议，以促成上汽集团人员对南汽集团实现“全覆盖”对接。

上南合作后，上汽集团与南汽集团两家集团的融合不仅体现在上汽集团工作组进驻南汽集团，同时也体现在南汽集团也会有员工被安排到上汽集团工作。南汽集团的副总经理曹心平成为上汽集团中第一个南汽集团高层。并购整合主要人事安排见表 5-7。

表 5-7　上汽南汽人事安排表

人　名	原职务	新职务	备　注
陈志鑫 蒋志伟 黄可基	上汽执行副总裁 上汽副总裁 上海能用东岳总经理	上汽执行副总裁兼 南汽总经理 东华公司董事长	代表上汽 代表不汽 代表上汽
张苇	上海大众制造部项目经理	MG 名爵总经理	代表上汽
王浩良	南汽集团董事长	菲亚特总经理	更多关注投资收益，而非经营
俞建伟	南汽集团总经理	跃进汽车的董事长	新职比原职低

（续表）

人　名	原 职 务	新 职 务	备　注
张　欣	南汽集团总经理 MG 名爵总经理	南汽常务副总兼党委书记	目前德国留学深造，新职比原职低
王秋景	南汽副总经理兼研究院院长	南汽研究院的院长、上汽研究院院长	新职比原职低
陆振兴	南汽副总经理兼零部件事业部总经理	东华公司副董事长	新职比原职低
曹心平	南汽副总经理	上汽商用车事业部副总经理	
王宏彪	南汽英国公司的董事长	英国公司的董事长	不变
王信冲	南汽兼 MG 党委副书记	不变	

（8）组织整合。

由于此次并购牵涉多方利益，合作空前复杂。南汽集团股东首先成立跃进汽车有限公司，并以此为投资平台实现对南汽集团资产的管理，同时实现保障南汽集团股东利益的目的；通过第三方对跃进汽车的资产清算，并以整车与零部件两部分划分；以约 21 亿元的价格将整车与紧密零部件资产出售给上汽集团，与此同时跃进汽车用该笔收入购入超过 3 亿股的上汽集团股份；余下的资产用于与上汽集团合资成立东华公司，并占有 25％的股份。合作后的关系见图 5-1。

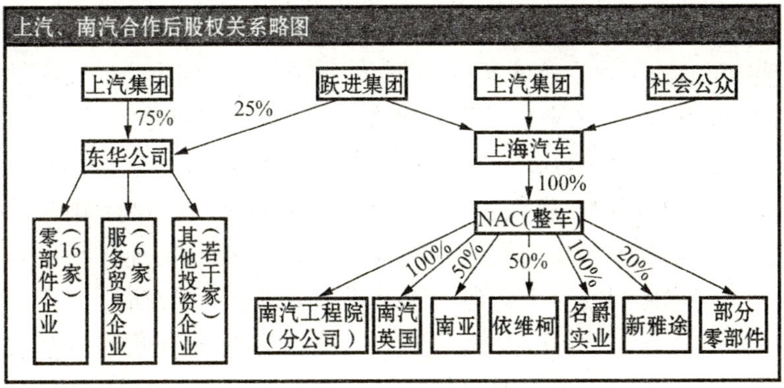

图 5-1　上汽、南汽合作后股权关系图

尽管按照市值计算超过80亿元的资产缩水到40多亿元，但是由于其相对合理的并购重组方式，与上汽集团的合作方案在跃进汽车职工代表大会上全票通过。但是该模式实现的前提是南京菲亚特问题需要由南汽集团自行解决。2007年12月23日，南汽集团与菲亚特签订协议于2008年1月正式解约，多年未实现盈利的南京菲亚特成为历史。此前，南京菲亚特问题是上汽集团与跃进合作的最大障碍，谈判初期早已由上汽集团方面提出。在南汽集团与菲亚特的谈判中，菲亚特最初希望将其在南汽集团的股份转让给奇瑞集团，奇瑞并未接受。由于上汽集团和跃进合作心切，菲亚特以高价成功出售了其在南汽集团中的股份。不过友好的解约使双方达成了今后在商用车领域加大合作的意向。

(9) 政府管制作用。

中国汽车工业“十一五”发展规划中指出，应将产业结构调整作为重点工作。通过市场调节、宏观调控的手段，对现有汽车企业的产能进行整合，提高企业集团化的进程，使各种规模、不同所有制、不同类型的企业协调发展。按照该发展规划，到“十一五”期末，我国将培养出1～2家年产量超过200万辆的汽车集团，其中自主品牌应达一半以上，另外还要形成年产量超过100万辆的重点汽车生产企业。

按工信部的统计，目前我国各类汽车生产企业共计1 300余家，其中汽车整车企业有171家。虽然中国已是世界的汽车生产、消费大国，但中国汽车产业呈现出散、弱、小的特点，这一局面亟需改变。前十家车企占据国内汽车将近90%的销量，剩余的汽车企业竞争力较差，这一格局还会造成资源浪费、重复建设严重等现象。主要的汽车企业集团也并未形成规模优势，不能形成合力，自主品牌更是缺乏市场竞争力。由于成本增加、价格战等因素，国内汽车企业竞争加剧，再加上较具实力的跨国企业的竞争，国内车企的生存空间更小。需要解决这些问题才能促进中国汽车工业的健康发展，壮大中国汽车工业的实力。

汽车业通过兼并重组，有可能帮助企业变大变强，但是由于国内汽车企业的并购，尤其是跨地域并购，存在思想观念和体制的差别、被并购企业的产值税收分配、被并购企业股东与员工利益的影响等各方面问题，在地方利益与整体利益、个人利益与集体利益的冲突面前，并购进程就显得困难重重。上南合作主要遵循政府推动、企业谈判的原则，避免出现传统的“拉郎配”导致的无法有效融合问题，综合平衡地方利益与企业利益的得失。上南合并采用创新方式，保持“三不变”(法人地位、注册地、税收渠道)，从很大程度上缓解了地方政府的担忧及顾虑，打破了传统的跨区域并购面临的瓶颈问题。由于对地方现实利益的尊重，这项合作得到了社会和政府的全面支持，也为中国汽车产业的跨地域并购提供了借鉴和参考。

上汽集团南汽集团这两家中国大型汽车企业集团，当初在海外争夺资产，加速了政府整合整个汽车行业的步伐。中国汽车行业内的兼并收购活动日益活跃。2007 年上汽集团并购南汽集团，汽车行业内的并购重组大潮就此展开，行业大规模并购就此拉开序幕，行业龙头迅速崛起。国内各种规模、各种实力的上百家汽车企业，在以后的并购道路上，将有先例可循，从而推动中国汽车产业并购整合在市场和政府的作用下加速发展。

第四节 并购整合模式结构

根据以上研究成果，本书运用战略地图理论方法，提出基于持续创新能力的中国汽车产业并购整合模式结构，如图 5-2 所示：

基于持续创新能力的中国汽车产业并购整合模式结构分为财务、客户、内部流程和学习与成长四个层面。财务层面和客户层面描述了战略所期望达到的成果，主要是持续创新能力的结果输出部分，是滞后维度；内部流程和学习与成长层面与持续创新能力提升密切相关，是领先维度。通过内部流程和学习与成长层面的有效整合，为提高我国汽车产业持续创新能力奠定基础。

基于持续创新能力的中国汽车产业并购整合模式结构中各层面之间，通过内在因果关系形成完整体系。四个层面间的内在因果关系具体分析如下：

1. 财务层面

通过并购整合提高持续创新能力的最终目标是企业价值最大化。在企业价值最大化理念的指导下，并购整合将带来增长协同和效率协同，因此提升企业价值主要有两种基本战略：持续创新成长战略和生产率提升战略。

2. 客户层面

财务层面的两个战略的执行效果依赖于客户层面的表现。从客户的角度考察，并购整合实质是将并购企业与目标企业的客户价值创造系统，通过整合融为一体，形成新的客户价值创造系统的过程。

为达到财务层面的战略要求，在客户层面就要通过顾客价值主张提高顾客价值创新。顾客价值主张表现在两个方面：第一，通过开发新产品和新服务进入新的市场和顾客群。并购后的企业应提供创新产品并率先推向市场，通过提高

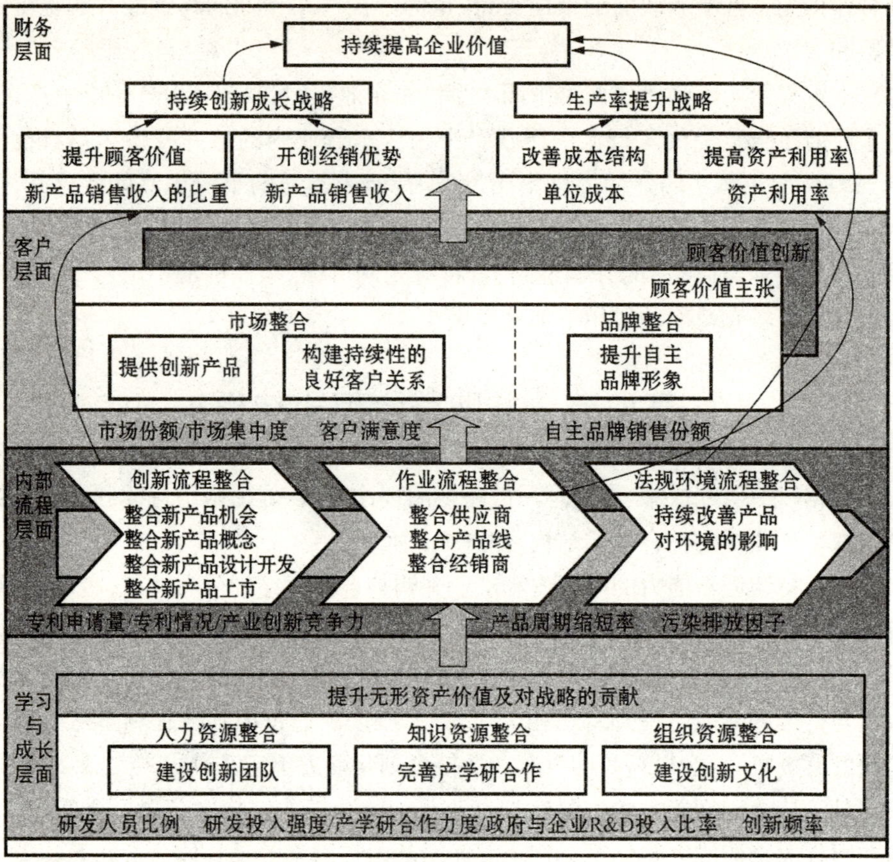

图 5-2　基于持续创新能力的中国汽车产业并购整合模式结构图

新产品质量，提高新产品首次上市的速度取得经营优势，加深现有顾客关系，提高顾客价值，建立持续性的客户关系；第二，通过与外部利益相关群体建立有效联系，树立良好的品牌形象，提升品牌的知名度和美誉度，保持顾客忠诚，扩大市场份额。通过以上两个方面，满足客户的价值主张，促进客户价值创新，提高持续创新能力，提升财务业绩。

3. 内部流程层面

客户层面的顾客价值创新需要内部流程层面的支持。顾客价值是由业务流程创造的，因此必须以创造顾客价值为核心，打破并购双方企业界限，建立顺畅的内部运作流程，确保企业各部门之间业务的有效衔接和高效运转。

内部流程对客户层面的影响主要表现在三个方面：第一，并购整合创新流程是创新的重要途径。通过整合创新流程，提高新产品的性能，缩短产品创新时间，向客户提供差异化的价值主张；第二，作业流程整合是提升客户价值主张的有效方式。通过整合供应商、生产线和经销商，缩短产品周期，及时提供既有的产品给现有的客户，增加客户获得的价值；第三，在以上两个内部流程中贯穿法规环境因素。为持续提高企业价值，并购后双方应承担相应的社会责任，成为良好的企业公民。并购企业履行良好的社会责任，有利于提高产品的创新力度，也有利于提升品牌形象，从而构筑持续良好的客户关系。

内部流程层面的整合对财务层面具有直接影响。内部流程层面的有效整合通过三个方面直接反映在财务层面：第一，创新流程的有效整合能够增强产品的创新优势，有助于实现持续创新成长战略；第二，建立作业优势能够提高资产利用效率并降低产品生产成本，有助于实现生产率提升战略；第三，法规环境方面的要求促使企业自觉成为良好的企业公民，这直接对企业价值产生重要影响。

4. 学习与成长层面

在学习与成长层面，通过持续提升无形资产的价值，支持内部流程层面整合过程。该无形资产的价值主要表现在人力资源、知识资源和组织资源三个方面。

首先，人力资源整合有利于内部流程层面的整合。一方面，有效整合人力资源能够促进创新流程中新产品的开发，加快新产品上市速度，提供创新和高附加值的产品，增加财务层面的新产品销售收入，有助于实现持续创新成长战略。另一方面，整合人力资源有助于公司形成高素质的创新人才团队，持续改善产品对环境的影响，有助于建立在规范环境方面的社会声望，从而持续提高股东价值。

其次，知识资源的整合有利于内部流程的整合。一方面，对知识资源整合能够直接作用于创新流程，构建持续性的客户关系，提高顾客价值创新，最终通过开创经营优势有助于实现持续创新成长战略；另一方面，对知识资源整合有利于快速建立作业优势，通过改善成本结构有助于实现生产率提升战略。同时，知识资源整合作用于规范环境流程，改善产品对环境的影响，持续提高企业价值。

最后，组织资源的整合有利于内部流程的整合。一方面，并购后企业通过建设创新文化，有助于创新流程整合。在整个企业创新文化的氛围下，全员参与创新，通过产品、客户关系和品牌形象带来顾客价值创新，有助于实现持续创新成长战略；另一方面，创新文化有利于员工创新理念的形成，从而持续改善产品对环境的影响，降低汽车新产品污染排放水平，最终持续提高企业价值。

综上所述，基于持续创新能力的中国汽车产业并购整合模式结构是从战略视角来审视、研究并购整合过程，将影响并购整合的关键因素建立有效的因果关系链，形成并购整合策略框架，引导汽车企业进行有效并购整合，以有效提升中国汽车产业持续创新能力。

第五节　并购整合模式结构各层面策略分析

一、财务层面

在基于持续创新能力的并购整合模式结构中，财务层面的目标是表现战略实施的结果，财务输出结果以定量的方式反映并购整合对持续创新能力的作用效果。财务层面的战略地图如图 5-3 所示。

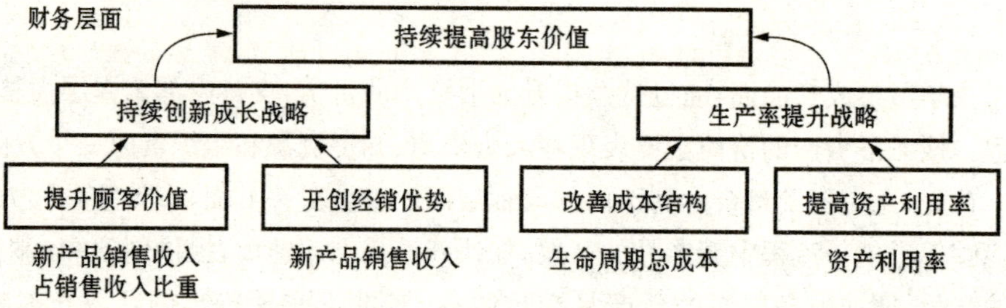

图 5-3　财务层面战略地图

在基于持续创新能力的并购整合模式结构的财务层面中，汽车企业通过并购整合提高持续创新能力的最终目标是企业价值最大化。在企业价值最大化理念的指导下，通过并购创造协同效应成为并购整合中的重要问题。并购整合将带来两种协同效应：增长协同和效率协同。增长协同主要是通过并购获得快速增长的能力，效率协同主要是提高效率带来的成本削减。因此，在基于持续创新能力的并购整合模式结构的财务层面中，提升企业价值主要有两个基本战略：持续创新成长战略和生产率提升战略。

基于持续创新能力的并购整合模式应以持续创新成长战略为主导，兼顾生产率提升战略。如果没有愿景提供强烈的方向感，并购企业难以在整合中获益。确立清晰的愿景是并购后整合成功的必要条件。汽车企业并购整合的基本愿景应是“通过并购增加企业价值”。这就要求重点关注并购业绩增长，即业绩增长应在并购中处于主导地位。目前汽车产业并购整合过分强调效率协同，而弱化业绩增长战略。成功的并购不应以削减成本的效率协同为导向，而是应由业绩增长协同驱动。本书强调增长协同的重要性，也注意到了效率协同的作用，因此提出中国汽车产业的并购整合应以持续创新成长战略为主导，兼顾生产率提升战略。下面将根据财务层面的战略地图，具体分析以上两个战略。

1. 持续创新成长战略分析

持续创新成长战略主要反映通过新产品的收益增长为企业可持续发展带来收益。对于新产品界定，我国规定："在结构、材质、工艺等某一方面或几个方面对老产品有明显改变，或采用新技术、新原理、新设计构思，从而显著提高了产品的性能或扩大了使用功能的产品称之为新产品"[①]。本书所指的汽车产业新产品是根据中国工业与信息化部发布的新产品目录确定的。

新产品的收益增长需要产品创新的支持。产品创新是所有创新类型的最终表现形式。管理创新、体制创新、机制创新以及观念创新最终是为产品创新服务的，各类创新效益都能在新产品的市场实现中综合体现。创新只有突出地表现为产品创新，才能形成良性经济循环。汽车产业的发展，最终都是以产品（包括服务）的不断更新和质量升级为其最终特征的，因此提高汽车企业持续创新能力需要不断推出新产品，持续实现新的市场价值。

持续创新成长战略带来的收益增长既反映在新客户的市场，也反映在现有客户的市场，因此持续创新成长战略包括两方面：一是提升客户价值，即对并购双方现有客户进行整合，在现有客户市场中增加新产品销售收入；二是开创经销优势，即通过获得新客户对新产品的认可，开辟新市场，建立收入增长机制。

衡量持续创新成长战略的两个重要的财务指标是新产品销售收入占销售收入的比重（即"新产品销售收入/产品销售总收入"）和新产品销售收入。根据国家统计局对部分省市进行的企业技术创新调查的数据，韩新严和吴添祖通过SPSS软件分析数据，表明"新产品销售收入/产品销售总收入"与新产品销售收入是从不同的角度全面反映创新效益[②]。"新产品销售收入/产品销售总收入"和新产品销售收入指标结合起来能够综合反映汽车产业创新产出效益。

2. 生产率提升战略的策略分析

生产率提升战略主要来自于改善成本结构和提高资产利用效率两个方面。

---

① 桐桂发. 新产品开发策略[J]. 中外企业家，1994(2):66-67.

② 韩新严，吴添祖. 技术创新绩效评估指标[J]. 技术经济，2003，(5)：28-30.

一方面，通过整合并购双方的有形资产，提高资产利用率，减少支持既定业务量水平所必须的营运和固定成本；另一方面，降低产品的维护、维修和处理成本，改善产品成本结构，降低产品单位成本。

衡量该策略的两个重要的财务指标是单位成本和资产利用率。单位成本指平均生产每辆同类整车所需的成本。该成本不仅包括企业负担的产品设计、研发、制造、营销和物流等过程的成本，还包括顾客购入后所发生的使用、维修、处理等成本。资产利用率是资产实际利用时间与计划利用时间之间的比率，以衡量合理运用资产的程度。

根据以上两个方面的分析，由于持续创新能力系统性和综合性的特性，基于持续创新能力的并购整合模式结构一方面要以持续创新成长战略为导向，另一方面要兼顾生产率提升战略，保持持续创新成长战略和生产率提升战略的平衡。汽车企业并购后通过持续创新成长战略和生产率提升战略的有效执行，共同提升持续创新能力，提高企业股东的价值，促进汽车产业可持续发展。

二、客户层面

在基于持续创新能力的并购整合模式结构中，客户层面主要有两个递进的层面，分别是顾客价值主张和顾客价值创新。在汽车产业的并购整合过程中，企业需要为顾客创造更大的可感知价值—即顾客价值创新，才能获取持久竞争优势。而顾客价值创新的关键在于形成良好的顾客价值主张，顾客价值主张的有效整合带来顾客价值创新。

以创造、传递更高的顾客价值为目标，企业进行并购整合时需要考虑如何将并购企业与目标企业之间创造顾客价值的活动加以协调，将创造顾客价值的环节加以衔接，以及支持价值创造活动的资源的共享、转移和融合，从而产生协同效应。不同的细分市场、不同的目标客户群体，顾客价值主张不尽相同，但都包含两个基本特征：市场与品牌，因此客户层面的顾客价值主张由市场整合和品牌整合两方面组成。客户层面战略地图如图 5-4 所示。

1. 市场整合的策略分析

市场整合策略主要包括提供创新产品和构建持续性的良好客户关系。

(1) 提供创新产品。创新产品能够为客户提供差异化的价值主张。产品的价值是客户追求的首要价值。企业并购后，必然要对产品的功能、外观、质量和价格等方面做出调整。企业并购前后要履行对顾客的承诺，而且研发出高于顾

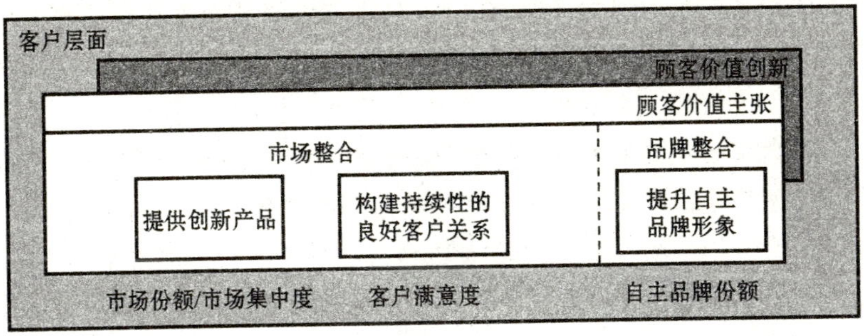

图 5-4 客户层面的战略地图

客期望的产品或者创造出更多的顾客感知到的收益，才能保持竞争优势。并购后的新企业需要从顾客的需求出发对产品进行重新整合，一方面要考虑到原有顾客对老产品接受的原因和对新产品的建议，另一方面要开发各种满足消费者个性需求的产品并能使其接受。不但要让原有顾客清楚了解并购后新产品的创新之处，使其能够感知到总价值的增加，而且要注意在保留老客户的同时发展新客户。因此，并购后新企业应以提升顾客价值为标准，审查企业产品的价值要素结构，消除对顾客无价值的因素，将创新理念确立为新公司开发新产品遵循的重要原则，然后根据顾客对产品价值要素偏好的变化，重新为价值要素赋予不同的数值，带给产品新的内涵和价值①。

(2) 构建持续性的良好客户关系。当前顾客已从被动的商品或服务的接受者成为企业创造价值的参与者，这使得汽车企业生产经营的主权从生产者向消费者转移。汽车企业为降低生产经营中的风险和不确定性，迫切需要及时与客户沟通，重视加强与客户的关系。汽车企业与客户建立持续的沟通关系，不但可以预测市场的发展机会，从而识别新的市场机会和改进产品服务，有助于提高应变能力和价值创造能力，而且向顾客学习有助于明确企业竞争优势的动态演化趋势。

为构建良好的客户关系，首先要重新对客户进行分析。随着并购后汽车企业内外部情况的转变，企业的目标客户和战略客户发生了很大变化，因此需要重新明确新企业的目标客户并重新定位客户价值。实施价值创新要识别有价值的顾客。根据顾客的当前价值和潜在价值，将顾客分为忠诚的顾客、重复购买的顾客、普通的顾客以及流失的顾客；其次，应针对不同的顾客采取不同的策略。终

① 李玉良. 并购后整合：通过顾客价值创新创造价值[J]. 社会科学辑刊，2009(3)：102-104.

身价值高的顾客被企业视为长期的顾客，对历史价值低而潜在价值高的顾客应进行培育，提供个性化的顾客服务，形成市场/客户/产品协同方案，从而从客户角度创造协同价值。

市场整合层面主要采用市场份额、市场集中度和客户满意度三个指标进行衡量。市场份额是指产品销售量在市场同类产品销售中所占的比重，用以衡量产品整合所产生的市场效果；市场份额的改变必然引起市场集中度的变化，市场集中度能够有效反映汽车产业并购前后的市场结构变化状况。本书中的市场集中度采用汽车整车产业中规模最大的前四家企业的销量占整个汽车整车产业销量的百分比，即 CR_4 进行衡量。

2. 品牌整合的策略分析

在基于持续创新能力的并购整合模式结构中，品牌整合策略主要指提升自主品牌形象。自主品牌作为重要的顾客价值感知因素，其地位日益重要，是企业形象的重要体现。对于汽车产业来说，强势的自主品牌有助于顾客对无形服务进行有形化理解。正确的品牌策略在维持和促进员工、顾客和投资者的关系上，起到了至关重要的决定性作用。如果品牌策略应用得当，企业的品牌可以通过向组织内外传达正确信息，达到顺利整合的目的。

自主品牌的整合管理，应立足于打造强势企业品牌，辅之以个性鲜明的品牌，使顾客获得产品功能之外的溢出利益，从而对顾客的选择和偏好产生影响。首先应考察并购双方品牌的关联度，对并购后新企业的所有品牌进行系统管理。并购前双方都有各自的品牌属性，为避免合并后整体品牌规划的模糊不清，关键是寻找能够体现整体的品牌核心价值的结合点，从而发挥整体品牌的效应；其次，对品牌进行评估并规划品牌结构，从而确定整合策略。品牌整合策略的确定取决于三个方面：首先在并购前评估品牌价值，系统了解原品牌的优缺点，避免整合过程中可能出现的冲突；其次进行品牌结构规划，提高品牌的管理效能；最后在品牌整合过程中，建立品牌和顾客良性互动系统。品牌整合使顾客对企业的整体形象和预期态度发生了变化，从而影响品牌资产价值，因此并购企业在品牌整合过程中要注意消费者心理的预期变化，加大宣传力度，提高顾客对新品牌的认识度，最终形成品牌与顾客的良性互动系统。

在基于持续创新能力的并购整合模式结构中，主要采用自主品牌份额衡量品牌整合策略效果。自主品牌份额是指汽车产业中整车企业的自主品牌产品的销量占所有产品销量的百分比。自主品牌份额能够直接反映品牌整合的市场效果。

三、内部流程层面

在基于持续创新能力并购整合的过程中，内部流程与持续创新能力直接相关。一旦明确了财务和客户目标，内部流程层面策略将描述如何营造流畅、快捷的流程，保障企业战略目标的实现。

中国汽车企业并购整合能否取得成效，进而推动产业结构优化升级，使企业真正成为具有国际竞争力的企业，内部流程整合具有重要作用。内部流程应支持开发具有高附加值的新产品，并保证产品的质量和成本要有竞争力，同时要求企业符合社会规范并承担社会责任，因此内部流程层面需要实现三个关键策略：第一，并购双方通过开发创新流程，研发高附加值的新产品，向客户传递差异化的价值主张，形成顾客价值创新，实现持续创新成长战略；第二，并购双方通过整合作业流程，建立作业优势，保证产品质量并降低产品成本，实现生产率提升战略；第三，并购后双方通过承担其社会责任，成为良好的企业公民，持续提高企业价值。

以上三个关键策略贯穿于业务流程再造的整个过程。业务流程再造，首先是从创新流程开始的，确认原有流程的优劣势，根据目前和未来的客户的需求，开发新产品来满足这些需求；其次是整合作业流程，既要提供既有产品给目前的客户，又要吸引新客户获得新价值；同时在以上两个流程中贯穿法规环境的因素。内部流程战略地图如图 5-5 所示。

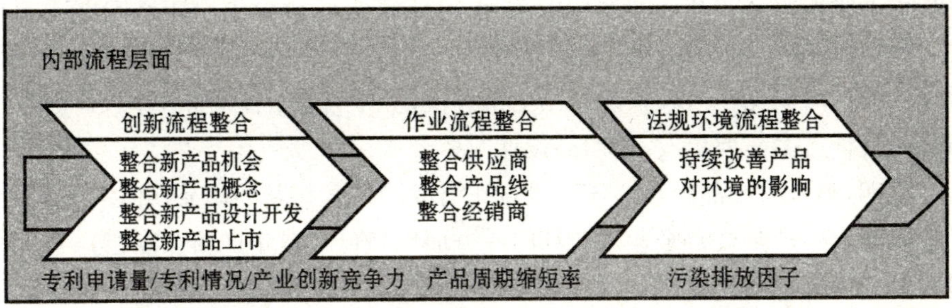

图 5-5　内部流程整合的战略地图

1. 创新流程整合策略分析

在基于持续创新能力的汽车产业并购整合过程中，创新流程整合是决定并购整合成败的关键流程。并购双方以提高持续创新能力为导向，需要将创新产品首先推向市场，以更好地满足现实与潜在的消费需求。

创新流程整合包括四个重要步骤:整合新产品机会、整合新产品概念、整合新产品设计开发和整合新产品上市。

第一,整合新产品机会。创新流程始于识别新产品机会。并购双方在整合研发团队后,应通过研发优势互补形成创造新产品构思,同时并购双方需要关注顾客的消费前感知、消费中体验以及消费后反应一系列消费流程。具体流程是:①在企业内部集思广益,提炼出生产中、市场上的创新灵感后上报给部门经理;②部门经理进行第一层筛选;再构思后上交到产品管理机构进行评审;③评审通过的构思再反馈到提出构思的员工,进行具体的产品概念描述后,上交到专门的产品管理部门。部门经理和产品创新管理组织执行整个评价过程。

第二,整合新产品概念。识别新产品机会后,要对新产品的创意进行具体研究,即将抽象的构思转化为具体的表述,包括产品功能、使用方式和外观等等。在开发概念的同时,需要并购双方通过市场调研和相关测试,确定消费者对该产品的反应。最后进入本轮开发的内部评价阶段,各个职能部门经理对创新的产品进行财务、市场和技术等评估,选出最佳的机构备选方案报公司管理层审核。

第三,整合新产品设计开发。设计和开发新产品包括新产品的详细设计和测试,以及新的生产工艺流程设计和实现。首先,设计和开发新产品应整合双方企业研发技术。研发技术的整合可以耦合并购双方的核心技术,也可以拓展其中一方的核心技术,从而增强双方的创新能力。其次,设计和开发新产品可以架构产品开发策略,也就是整合相同的工程解决方案和模块化制造工艺,实现制造过程中的资源整合。在同一架构的指导下,不同平台所衍生出的不同性能的车型,为顾客提供了更为多样化的选择空间。同时,此阶段有较严格的时间限制。较短的设计时间意味着较快的产品上市速度,如果在设计上耽误时间,则会导致产品的设计方案需要更改,使产品设计效率降低。

第四,整合新产品上市。该阶段合作研发团队发布新的产品,并逐步使新产品进入商业生产阶段。企业生产部门一方面以较低产量生产新产品,另一方面,销售部门向客户推出新产品,获得客户对新产品的改进设想,调整新产品种类结构、时间结构,使新产品有更好的性能,并在下一步的开发过程中,逐渐实施出来。

世界汽车产业的发展和汽车市场的激烈竞争对加速汽车新产品开发提出了更高的要求。在中国车市日益成熟的同时,国际巨头明显加快了车型升级换代的速度,因此产品创新的速度成为汽车企业竞争的关键要素。然而由于汽车产品具有高度技术密集的特征,新产品开发工作要涉及大量的设计与工艺活动,致使开发周期长、费用高。缩短新产品开发周期，使企业能适时地推出新产品，已成为各国汽车厂家争夺市场的战略手段。提高新产品首次上市的速度成为产品特性的重要内容。这就需要在并购整合过程中，充分利用信息技术，在并购双方之间沟通和共享开发信息，将设计、生产、市场、销售和服务等各部门的代表组成团队，共同实施从概念产生到最终商品化的新产品开发，减少新产品开发需要的时间，加速新品开发，提高新产品首次上市的速度。

在创新流程整合策略中，主要的评价指标是专利申请数量、专利情况和产业创新竞争力。专利申请量是指截止统计当年的专利申请数量的累积总量；专利情况是指国内主要内资企业专利获授权数量与外资企业专利获授权数量的比率[①]；产业创新竞争力是指创新基础、创新水平和创新成果等方面的竞争实力，是核心竞争力的重要组成部分。根据《中国汽车产业发展报告》中的界定，“产业创新竞争力”主要由“自主品牌销售份额”、“专利情况”、“研发人员比例”及“自身R&D投入比例”四个因素构成。

2. 作业流程维度的策略

汽车企业并购整合中面临着原有两个独立作业流程之间融合的问题。作用流程整合不应仅是改进原有的流程，而是根据流程在整合中的作用及价值活动的形成机制，在分析确认原有流程的基础上，确定完整的内部流程价值链。

作业流程包括上游的供应商、中间的企业本身、下游的经销商三个部分。作业流程是围绕核心企业，将供应商、制造商、经销商直到最终用户连成一个整体的功能网链结构。作业流程首先通过对信息流、物流、资金流的控制，从采购原材料开始，制成中间产品以及最终产品，最后由销售网络将产品传递到消费者的过程，因此作业流程整合策略主要包括三个方面：供应商整合、产品线整合和经销商整合。

(1) 供应商整合策略。供应商整合策略应遵循“共同市场、共同客户、共同利益”的原则，实现统一采购，建立一体化的战略协作关系。整合的核心任务是：第一，建立公平、公正、公开的运行机制，实现快速纠错；第二，建立快速响应机制，使企业具有基于市场拉动的适应变化的柔性；第三，建立包括技术一体化、库存一体化、工业耗材一体化的采购模式，以此不断集成供应商资源，最大程度地发挥供应商的优势。汽车整车企业作为核心企业，应使供应商将其技术和管理

① 国务院发展研究中心产业经济研究部，中国汽车工程学会，大众汽车集团(中国). 中国汽车产业发展报告[M]. 北京：社会科学文献出版社，2010.

优势延伸至公司的生产过程，监控质量与成本，直至整车下线，使供应商的质量保证与承诺延伸至最终客户[①]；第四，整合零部件数据库。通过整合原企业供应商零部件和原材料数据库，更新数据信息，加快新产品研发速度。

（2）生产线整合策略。该策略主张并购后企业应将生产线互补以提高生产效率。以创新为目标的并购很大程度上是为了整合双方的产品线，使被并购方的技术或产品对本企业的生产线有所补充和完善。这就需要双方企业的技术或产品具有一个可共同操作的平台。生产线互补程度较高有助于降低组织结构整合和流程整合的难度，防止并购后新企业出现潜在的生产问题。如果由于潜在的技术标准、程序标准或产品结构的差异而导致双方企业的技术无法兼容，就必须把目标企业的技术或产品与收购企业的技术平台进行整合，创建双方企业可共同操作的新界面，以优化产品品种，提高企业的市场竞争力。

（3）整合分销渠道的策略。并购后企业应发挥分销渠道的协同作用，整合分销渠道，形成分销渠道异质资源。在分销渠道整合过程中，首先应分析并购双方的产品定位和目标客户，调整并购双方的分销渠道，设计科学、合理、有效的分销渠道；其次，通过进行并购双方的交叉销售，节约进入新渠道的成本，保证资金流、商品流、信息流在分销渠道顺畅运行。

作业流程维度的主要衡量指标是技术产品化周期缩短率。技术产品化周期缩短率是指将技术成果转化为产品平均所需的时间的缩短程度[②]。该指标能够较好地反映作业流程的最终整合效果。

3. 规范环境流程整合策略

基于持续创新能力的并购整合模式结构强调汽车企业只有承担相应的社会责任，遵守法令规范，成为良好的企业公民，才能有效提高企业价值。汽车产业涉及的法令规范，包括环境保护、能源、安全等方面。根据环境保护部数据显示，汽车尾气排放已经成为一些城市大气污染物的主要来源，占45%以上，而且这一现象正在变得越来越严重。目前，全国约五分之一的城市大气污染严重，113个重点城市中三分之一以上空气质量达不到国家二级标准；北京、上海、广州等城市机动车排放的一氧化碳、碳氢化合物在大气污染中所占的比例达到75%以

① 赵月岚．中国现行汽车产业政策的再思考[J]．汽车工业研究．2009(3)：2-6.

② 赵家新．基于平衡计分卡的高科技企业综合创新绩效评价体系研究[J]．科技进步与对策，2007，24(10)：151-153.

上，机动车排放已经成为城市大气污染的主要来源①。由于汽车尾气排放对空气质量影响日益增大，排向大气的污染物数量随着车辆逐年增加而增长，因此本书重点分析如何持续改善产品对环境的影响。

持续改善产品对环境的影响策略主要包括以下方面：第一，关注传统技术的节能减排，以持续减少对环境的影响。根据国内外汽车行业的实际现状，近期主导的动力还是内燃机，因此需要借助各种新技术提高传统内燃机的燃烧效率并降低排放，如开发适合中国使用的替代燃料、汽车轻量化技术等。应将节能技术列入重点攻关，降低能源消耗，提高能源利用率，进行传统内燃机的技术升级。随着国家对于汽车产业排放标准的提高，一些排放污染比较严重的汽车企业面临淘汰的局面，这就为持续创新能力比较强的企业提供了并购机会。通过并购整合提高汽车产业的市场集中度，促进汽车产业的持续创新水平；第二，需要在并购后整合过程中重点关注研发新能源汽车。目前有些汽车企业搞电动汽车，是靠购买一些核心零部件进行组装，用于享受国家的补贴政策。真正掌握核心技术的并不多。汽车企业应通过并购整合，将不同的技术优势进行有效协同，争取在新能源汽车三大瓶颈，即“三电”（电机、电控、电池）方面获得重大突破。

衡量规范环境流程的指标主要是污染排放因子。污染排放因子是指政府每次公布的污染排放标准中，氮氧化物排放指标的变化情况，即每相邻两次公布的污染排放标准中，新公布的污染排放标准中氮氧化物排放数值占原来的污染排放标准中氮氧化物排放数值的比率。目前国内外关于污染排放指标的研究中，主要选用氮氧化物和颗粒物作为研究对象②，同时氮氧化物的数量变化较为显著，因此本书选用氮氧化物排放指标作为污染排放标准的主要研究指标。

四、学习与成长层面

学习与成长是提升持续创新能力的基础和来源。对于并购后整合的汽车企业而言，应首先明确重点关注的无形资产的类型，然后协同这些无形资产促进无形资产有形化。在基于持续创新能力的汽车企业并购整合模式结构中，持续创

---

① 刘志全. 加强机动车环保法规建设，推动机动车产业可持续发展[EB/OL].（2010-09-05）. http://www.autoinfo.gov.cn/zhuanti/forum/ylforum/jnjp/webinfo/2010/08/1283139102779190.htm.

② 刘兰剑. 中国汽车节能减排政策与美、日比较研究[J]. 中国科技论坛，2010，6：155-160.

新能力与学习与成长方面的关联性体现在三个方面:人力资源整合、知识资源整合以及组织资源整合。学习与成长层面战略地图如图 5-6 所示。

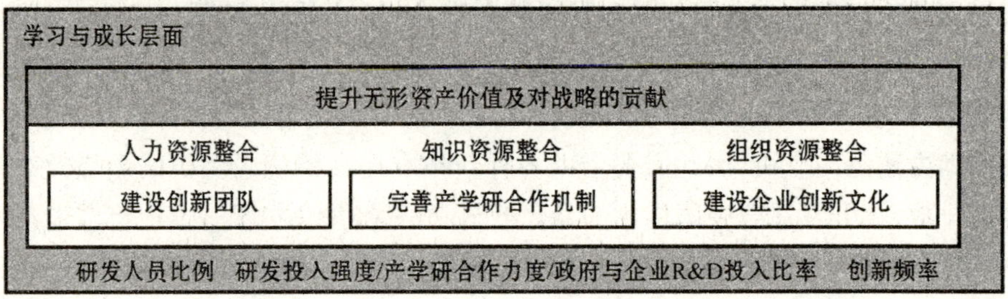

图 5-6 学习与成长层面的战略地图

1. 人力资源整合策略

充分发挥人力资源的潜能是提高汽车产业持续创新能力的重要方面。在生产诸要素中,人力资源要素扮演着关键的角色。人力资源是诸生产要素中最活跃、最富创造力的因素,其他生产要素的价值终究要依靠人的能力去实现。

在基于持续创新能力的人力资源整合中,首先要求保持人力资源的相对稳定。因为这关系到以个体为载体的知识和技能积累和以组织为载体的个体知识和技能的有效联结。如果不能保持人力资源队伍的稳定而导致人员大量流失,可能会流失具有战略性资产特征的关键人才;其次,要特别注重对关键技术人才和管理人才的整合。在处理人员相对稳定和留住关键人才的关系上,前者是基础,后者是目的,最终是为了培育企业的持续创新能力。

为解决人力资源整合的问题,应按照时间顺序采用以下措施:第一,并购整合开始之前,为拟定整合计划,应选派合适的人员到被并购方进行沟通、调查和评估。沟通的内容包括被并购方人员对裁员的安置和补偿方案、关键核心人员的名单、关键核心人员未来的薪酬计划等;第二,快速组建新公司的高层管理团队,避免出现管理真空层。这些高层管理团队的成员应及时发现问题,并有足够的能力和权力解决问题;第三,调整组织机构。组织机构方面的重叠会影响企业的效率和创新的效果,因此并购后新企业要精简机构,包括合并功能相同的机构和减少效益差的部门。在裁员时,员工利益和情感需要得到照顾,同时要加强沟通,了解员工的需求,并妥善安置,使企业平稳度过裁员期;第四,整合并购双方员工形成共同创新团队。由于产品创新活动的流程再造是围绕创新团队展开的,而并购双方的员工来自不同公司,必然存在不同的目标和工作重点,并购后新企业必须打破彼此之间的隔阂，形成统一团队进行分工协作和有效沟通，才能使并购双方在共同的目标和经验交流过程中激发创新潜能。

衡量人力资源整合策略的关键指标是研发人员比例。研发人员是指企业中从事研究与试验发展项目研究、管理和辅助工作的人员，包括项目(课题组)人员、企业科技行政管理人员和直接为项目(课题)活动提供服务的辅助人员。

2. 知识资源整合策略

知识资源整合是并购后双方学习与成长方面整合的重要内容。知识资源整合策略主要包括：第一，建立统一的产学研合作规划。应优化整合并购双方重复和离散的产学研合作项目，重点放在战略性项目和有利于长远发展的关键产品和关键技术的合作项目上，使产学研各方都能充分发挥各方的特长，实现优势互补。产学研合作应明确分工，企业、学校、科研院所各尽其职，以有效提升持续创新能力。按照创新体系的合理分工，汽车企业做好产品开发，主要定位于产品技术开发与制造；高校主要定位于基础、前沿技术与人才培养；科研机构主要定位于关键、核心技术研发与中试；第二，制定合理的研发投入比例和产学研合作经费的比例。完善产学研合作机制，要求在并购后根据企业发展的需要调整产学研合作经费的比例，充分发挥企业在创新中的主体作用，构建优势互补、互利共赢、务实高效、开放灵活的产学研合作新机制；第三，完善产学研合作信息系统。企业应运用信息技术将创新过程中的知识进行转化，建立相应的数据库，为创新提供知识积累。

衡量研发管理整合策略的主要指标有产学研合作力度、研发投入力度、自身R&D投入、合作 R&D 投入、技术购置比率和政府与企业 R&D 投入比率等。产学研合作力度指企业在产学研合作上的投入占整个研发投入的比例[①]；研发投入力度是指企业研发投入占企业销售收入的比例；自身 R&D 投入是指企业R&D 投入中，企业用于自主研发的投入总额；合作 R&D 投入是指企业 R&D 投入中，减去自身 R&D 投入后，企业用于产学研合作的研发投入总额；技术购置比率是指企业每年从企业外部购买技术成果的费用支出占企业投资总额的比率。购买技术成果的费用支出是指企业本年度用于购置技术(包括产品设计、工艺流程、图纸、配方、专利等技术资料)的费用支出[②]；政府与企业 R&D 投入比率

① 杨东升，张永安. 产学研合作的系统动力学分析[J]. 北京工业大学学报，2009，35(1)：140-144.

② 张国强. 企业技术创新动力机制研究 [D]. 陕西：西安科技大学，2009：36.

是指在R&D投入中，政府研发投入总额与企业研发投入总额的比率。

3. 组织资源整合策略

在基于持续创新能力的人力资源整合过程中，组织资源整合的主要目标是创建企业创新文化。按照文化要素对象，企业文化整合主要应从以下方面进行：

(1) 价值观念的整合。并购双方企业一般会拥有不同的价值观，具体表现在双方员工对企业目标、经营理念、市场定位、价值取向等问题有不同的看法。企业并购后，应当通过宣传动员，将这些不同的看法规范统一成以持续创新能力为导向的价值观。价值观的整合是企业文化整合的关键。如果并购双方企业员工在价值观念上存在很大分歧，则难以达到协同合作的要求，无法实现资源的优化配置。

(2) 制度文化的整合。制度文化是企业文化的重要方面。并购后企业应当按照分工协作的要求，建立一种新的规章制度。这些制度规范是整合后企业价值观的具体体现，同时又从硬约束的角度与其他各种软约束因素共同强化新企业文化在员工思想上的积淀，促进员工的积极性和创造性。

(3) 物质形态的整合。物质层面的文化要素能够进一步强化企业员工的协同感，因此物质形态方面的因素成为企业文化的载体。企业的商标、标志物、厂房车间、工作环境、娱乐场所等物质因素，逐步在员工思想上发挥影响作用，由此尽快地形成企业创新文化。

企业文化整合可分为三个阶段进行实施，第一阶段是文化协同性识别，第二阶段是文化融合重建，第三阶段是行为贯彻落实。

第一阶段：文化协同性识别。这个阶段的核心任务首先是识别文化差异，然后评估文化的适应性，最后确立明确的文化整合方向。并购双方企业文化冲突的主要原因是企业文化的差异。清醒认识被并购方的企业文化，文化整合工作的开展才能有的放矢，有较强的目标性。文化整合可通过基本的展示、介绍会议、"跨公司会议"以及深入的跨文化分析等多种途径了解彼此的差异。

第二阶段：文化融合重建。文化融合重建的根本就是解决文化冲突问题。有效的文化整合不是简单地用一方文化改造另一方文化，或强加给另一方，而是要在两种文化中间找到互相兼容的切入点。中国汽车产业文化整合应首选融合式整合形式。并购企业应在保持基本稳定的前提下，通过交流和沟通吸取对方文化的优势，使原文化的功能更齐全，体系更完善，内容更科学，形成企业创新文化。尽管在新的企业文化中部分保留了并购双方企业原有的企业文化，但是这种新的企业文化已不同于以往的并购双方的任何一种企业文化。并购企业文化在保持自身价值观体系相对稳定的基础上，吸收被并购企业文化的合理因素，使新合并的企业文化更加完善。

第三阶段：具体行动实施。在该阶段，新的制度或管理层的调整已经完成，主要的问题就在于维护这种新制度使之能够顺利而有效地贯彻，任务是加强企业文化的适应性训练，尽可能让员工适应不同的环境和企业文化，促进员工的沟通交流。并购双方应对员工进行多样化的跨文化培训，或者通过工作岗位的交换、组建共同的工作团队等方式，增强员工的适应能力和合作意识，尽快形成企业创新文化。

衡量文化整合的主要指标是创新频率。新产品开发项目的数量能够反映企业技术创新活动的活跃程度，一定程度上反映出创新意识和创新文化的强弱。从有利于核心能力的保护、转移和扩散的角度出发，构建企业创新文化必将改进全体员工的创新意识，促进企业创新文化氛围的形成。

综合以上分析，基于持续创新能力的中国汽车产业并购整合模式结构表明了通过并购整合提升汽车产业持续创新能力的策略框架体系，为中国汽车产业提供了并购整合的模板和借鉴。中国汽车企业在具体应用时，可根据企业的具体情况，对该模式进行适当调整和补充。

在基于持续创新能力的中国汽车产业并购整合模式结构的实际实施过程中，应结合平衡计分卡建立战略实施指标体系，并通过测评这些指标，评估战略实施的情况，形成完整的战略体系。

第六章

基于持续创新能力的中国汽车产业并购整合模式及其模拟

第一节　系统动力学方法分析

一、系统动力学概述

系统动力学(system dynamics,SD)是一门结合系统科学理论和计算机仿真模拟理论,研究社会系统有关高阶、复杂时变、非线性与反馈问题的学科,是系统科学与管理科学的重要分支。

系统动力学的基本原理是将社会经济系统的结构抽象成"回路"、"积累"、"信息"、"延迟"和"决策"[①]。系统的因素之间的行为规律构成系统的因果回路,因素在回路中的行为产生"积累"现象,当堆积的物质达到一定的程度,就会通过"信息"的方式传递给决策者。决策者根据掌握的信息做出"决策",从而影响物质积累。由于物质和信息在系统中的传递需要时间,因此产生了"延迟"现象。

现实社会中的系统普遍具有非线性、高阶、时变和反馈等特征。系统动力学作为社会系统的政策实验室,擅长处理周期性、长期性和动态性问题[②]。系统动力学及其模型提供了学习、分析和研究社会系统的重要方法和工具。

系统动力学方法核心要素包括因果关系图、流图、系统动力学方程和仿真模拟软件。下面对这些核心要素进行进一步分析。

---

① 钟永光,贾晓菁,李旭.系统动力学[M].北京:科学出版社,2009.

② 李旭.社会系统动力学[M].上海:复旦大学出版社,2009.

二、因果关系图

1. 因果关系图概述

因果关系图(Causal Relationship Diagram)是从定性角度描述系统变量之间因果关系的图形工具。因果关系图一般由两个变量(原因变量和结果变量)和一个带有指向的箭头构成,箭头方向即为原因变量到结果变量的方向。

原因变量到结果变量的因果关系一般用因果链表示。因果链用图形表述如图 6-1 所示。该因果链表示系统中两个变量 A 和 B,原因变量 A 影响结果变量 B,并使 B 发生变化。

图 6-1　因果链

因果链有正因果链和负因果链两种。如果原因变量 A 的增加(减少)引起结果变量 B 增加(减少),则变量 A 和变量 B 之间形成的因果链为正因果关系,即变量 A 和 B 同方向变化,用图形表述如图 6-2 所示:

图 6-2　正因果链

如果原因变量 A 的增加(减少)引起结果变量 B 的减少(增加),则变量 A 和变量 B 之间形成的因果链为负因果关系,即变量 A 和 B 向相反方向变化,用图形表述如图 6-3 所示:

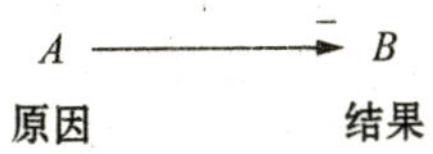

图 6-3　负因果链

2. 因果关系回路

因果关系回路是指由两条(包含两条)以上的因果链以同一流向的形式组成的闭合回路。因果关系回路的基本特征是,在整个回路中无法确定谁是原因变量,谁是结果变量,即无法判断回路的起点和终点。

以图 6-4 为例，变量 A 和 B 是系统中的任意两个变量，变量 B 会受变量 A 的影响而发生变化，变量 A 也同样会受变量 B 的影响而变化。上述两种变化同时存在，说明变量 A 和变量 B 之间存在一条因果链，而变量 B 和变量 A 之间也存在一条因果链，并且两个因果链形成了一个闭合回路。这个闭合回路称为因果回路，用以描述变量 A 和 B 之间的相互因果关系。因果回路有正因果回路和负因果回路两种。图 6-5 表示三个变量之间的因果关系链。

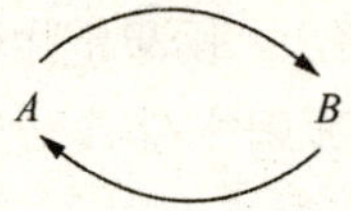

图 6-4　因果回路

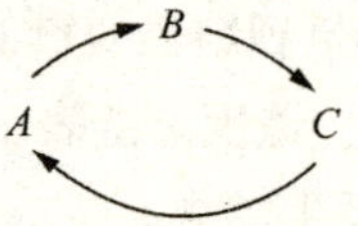

图 6-5　因果回路

正因果回路是指当回路中某一变量发生变化时，通过回路中各个因果链的作用，不断提升该变量的变化幅度，使闭合回路具有自我增强的效果。简单的正因果关系回路如图 6-6 所示：

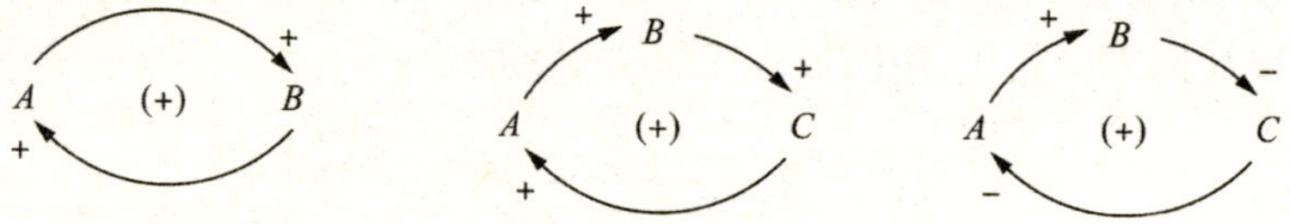

图 6-6　正因果回路

负因果回路是指当回路中某一变量发生变化时，通过回路中各个因果链的作用，不断降低该变量的变化幅度，使闭合回路具有自我抑制的效果。简单的负因果关系回路如图 6-7 所示。

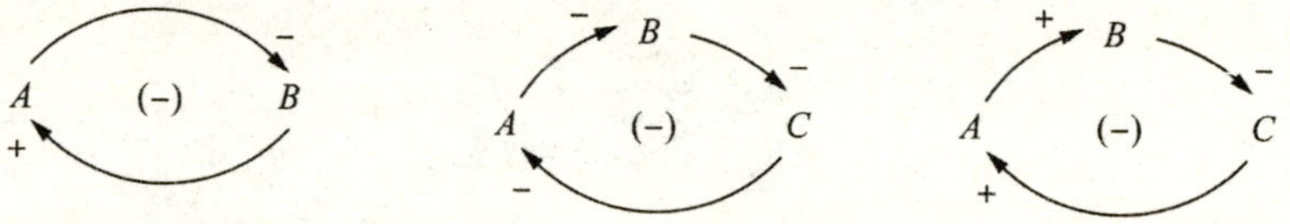

图 6-7　负因果回路

判定正负因果关系有两条简单易行的回路规则：

(1) 假定在判定某一回路的正负时，回路的内外部影响因素不变；

(2) 负因果链的总数为偶数时，回路为正；负因果链的总数为奇数时，回路为负。

三、流图

流图是表现系统变量之间因果关系的图形，由系统动力学专用符号和因果链箭头构成。因果关系图主要描述系统变量之间的因果联系和因果反馈，而流图则表明系统的整体结构。流图在因果关系图的基础上，对系统变量性质进行进一步划分，并运用系统动力学专用符号表示系统各变量之间的因果关系，为进一步研究系统的特性和规律提供了直观的图形描述。流图主要有以下变量：

1）状态变量(LEVEL)

状态变量是指通过对输入变量和输出变量（或其中之一）进行积累的变量，又称流位变量[①]。状态变量的积累量主要与变量变化过程中的时间间隔和输入输出速率差有关。状态变量在系统流图中的符号为矩形框，变量名称在矩形框内，流入和流出的箭头分别表示变量的输入和输出流。

2）速率变量(RATE)

速率变量是指流量变化过程中的变化率，又称流率变量。如果变量在某一点的速率难以观察和计算，模拟中的速率通常指流量变化在某一段时间内的平均值。速率在系统流图中的符号类似阀门。

3）辅助变量(AUXILIARY VARIABLE)

辅助变量是指流图中状态变量和速率变量之间的中间变量。如果状态变量和速率变量之间的因果关系无法由因果链解释，添加辅助变量能够起到补充说明的作用，从而使得整个因果关系更为明确和合理。

4）表函数(TABLE FUNCTION)

表函数主要描述系统因果关系中复杂的非线性关系，用以补充通过辅助变量代数组合仍然无法描述的关系。当两个变量之间的因果关系需要用表函数进行表述时，将非线性关系所对应的一组自变量和因变量的取值输入系统动力学模拟软件自带的表函数方程式，即可达到描述该因果关系的效果。

5）常数(CONSTANT)

常数是指在研究所需的时间跨度内，变化不明显或基本不发生变化的系统指标。

---

① 董晓燕. 基于系统动力学的汽车产业创新系统研究 [D]. 安徽：合肥工业大学，2009：15-16.

6) 延迟(DELAY and SMOOTH)

延迟是指系统中某一变量的输入到该变量的输出需要经过一段时间的延后。延迟主要有物质延迟(DELAY)和信息延迟(SMOOTH)。物质延迟和信息延迟都有一阶、二阶及三阶以上的高阶次延迟。延迟阶数越高,说明延迟经历的时间越久,环节越多。

四、系统动力学方程

系统动力学方程是指通过数学关系式,对流图中各指标要素之间的因果关系进行定量描述。系统动力学方程是系统内部反馈和复杂时变影响的外在表现形式。

系统动力学方程主要有六种,分别为状态方程(L)、速率方程(R)、常数方程(C)、辅助方程(A)、初始值方程(N)和表函数方程(T)。这六种方程具有各自的书写形式和书写规则。

五、系统动力学仿真模型软件

在系统动力学众多的模拟软件中,Vensim 是一款功能全面、用途广泛的系统动力学模拟工具。Vensim 是一种可视化的模拟软件,能够描述系统的因果关系,构建系统的流图模型,并通过软件运行对模型进行模拟。Vensim 也是一款功能强大的分析软件,能够对系统的因果关系、结构和发展变化进行分析,包括因果关系链分析、反馈分析和变量分析等,还可以通过检验分析来保证所建模型的真实性、合理性。本书采用 Vensim 软件进行系统动力学模拟分析。

第二节　系统动力学建模

一、研究假设

本书构建模型的模拟并不是对影响因素具体数值的预测,主要是对其变化趋势进行模拟,以分析内在变化规律。根据系统动力学观点,推动社会经济系统发展的根本动力来自系统内部。系统任何特定动态行为源于系统内部要素的相互作用,外部因素不会对系统的行为造成实质影响,因此本书假设在模型模拟期间,汽车产业的国家政策、经济环境、人口、交通条件等主要外部因素不发生显著变化,利率、汇率、通货膨胀等因素不显著影响汽车产业发展趋势。

二、系统边界

根据系统动力学理论，如何选择系统边界是直接关系到模型成功与否的关键步骤。系统边界规定了形成特定动态行为所应包含的最小数量的单元。只有明确了系统的界限，才能研究系统内部的结构问题。前文按照指标的可量化、可替代的原则，通过德尔菲法，将影响系统的主要因素包含在四个维度中。该维度构成系统动力学模型的四个子系统，即学习与成长子系统、内部流程子系统、客户子系统和财务子系统。

本研究选择样本汽车企业对中国汽车产业的发展状况进行分析。根据目前中国汽车产业的发展状况，本研究选取在 2002～2007 年发生过并购的 A 股上市的 16 家汽车整车企业为样本进行研究。样本企业如表 6-1 所示。这些样本企业基本代表了中国汽车产业的发展状况。

表 6-1　样本企业表

公司代码	简　称
000625	长安汽车
000927	一汽夏利
000572	海马股份
600104	上海汽车
600006	东风汽车
600418	江淮汽车
600166	福田汽车
000868	安凯汽车
600066	宇通客车
000951	中国重汽
600991	广汽长丰
000550	江铃汽车
600609	金杯客车
600686	金龙汽车
000957	中通客车
600213	亚星客车

三、因果关系图分析

根据基于持续创新能力的中国汽车产业并购整合模式结构，针对汽车企业持续创新能力的特性，对并购整合因素内在关系进行系统分析，确定四个子系统影响因素变量的因果关系，绘制系统动力学因果关系图（如图 6-8 所示）。

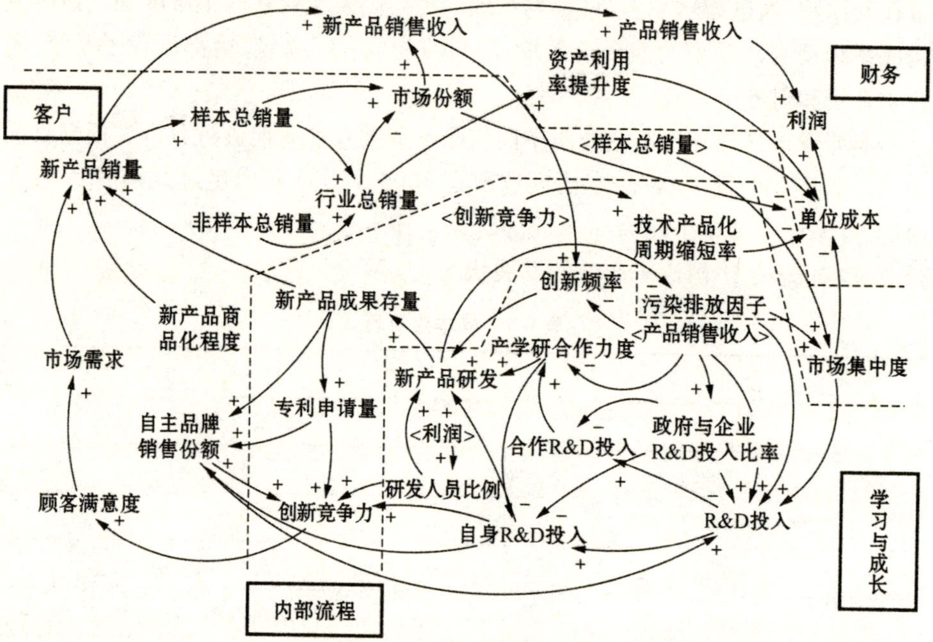

图 6-8 因果关系图

因果关系图通过因果回路具体反映并购整合对于提升持续创新能力的作用方式。以下通过对因果关系图各主要回路的分析以进一步研究系统内部结构：

（1）R&D 投入—自身 R&D 投入—创新竞争力—顾客满意度—市场需求—新产品产量—新产品销售收入—产品销售收入—R&D 投入。

这条回路表明企业通过整合研发投入，提高自身 R&D 投入，提升创新竞争力，从而提高顾客满意度，扩大市场需求，增加新产品销售收入，实现并购收益。

（2）R&D 投入—自身 R&D 投入—新产品研发—新产品成果存量—专利申请量—创新竞争力—顾客满意度—市场需求—新产品产量—新产品销售收入—产品销售收入—R&D 投入。

这条回路表明企业通过整合研发投入，加大新产品研发力度，获得更多新产品成果存量，增加专利申请量，使企业拥有更多自主产权的新产品，提升顾客满意度，实现新产品的商业价值。

(3) R&D投入—自身R&D投入—新产品研发—污染排放因子—市场集中度—单位成本—利润—产品销售收入—R&D投入。

这条回路表明企业通过整合研发投入，减低企业污染排放因子，提高产业污染排放标准，促进新产品开发，淘汰落后产能，提高市场集中度，降低单位成本，提高企业收益。

(4) R&D投入—自身R&D投入—新产品研发—污染排放因子—顾客满意度—市场需求—新产品产量—新产品销售收入—产品销售收入—R&D投入。

这条回路表明企业通过整合研发投入，降低企业污染排放因子，增加顾客满意度，扩大市场需求，提高企业新产品收益。

(5) 研发人员比例—创新竞争力—顾客满意度—市场需求—新产品产量—新产品销售收入—产品销售收入—利润—研发人员比例。

这条回路表明企业通过人力资源整合提高企业研发人员比例，提升企业创新竞争能力，提高顾客满意度，扩大市场需求，增加新产品销售收入，提升新产品的市场效益。企业在效益提升后加大对研发人员的引进和培训，增加研发人员数量，提高研发人员比例，使回路能够良性循环。

(6) 研发人员比例—新产品研发—新产品成果存量—新产品产量—新产品销售收入—产品销售收入—利润—研发人员比例。

这条回路表明企业通过人力资源整合提高企业研发人员比例，促进企业研发水平提升，增加新产品产出和销售，提升新产品的市场效益。企业在收益提升后，加大对研发人员的引进和培养，并进一步提高研发人员比例。

(7) 产学研合作力度—新产品研发—新产品成果存量—新产品产量—新产品销售收入—产品销售收入—R&D投入—合作R&D投入—产学研合作力度。

这条回路表明企业通过产学研合作整合，利用企业外部研发资源，提升企业研发水平，增加新产品成果存量，提高新产品销售收入，最终提升新产品的市场效益。

(8) 产学研合作力度—自身R&D投入—新产品研发—新产品成果存量—新产品产量—新产品销售收入—产品销售收入—产学研合作力度。

这条回路表明企业加大产学研合作投入，将减少企业自身R&D投入，从而降低企业研发水平，减少新产品销售收入，最终降低新产品的市场效益。

(9) 市场集中度—单位成本—利润—研发人员比例—新产品研发—新产品

成果存量—新产品产量—样本总产量—市场集中度。

这条回路表明提升市场集中度会降低企业的单位生产成本，提高生产率，增加企业利润，提高企业对研发人员的投入，扩大企业的研发成果积累，提高样本总产量，最终实现市场集中度的进一步提升。

(10) 市场份额—新产品销售收入—产品销售收入—R&D 投入—自身 R&D 投入—新产品研发—新产品成果存量—新产品产量—样本总产量—市场份额。

这条回路表明企业通过市场整合提升市场份额，扩大企业新产品销售收入，加大企业研发投入，提升企业研发水平，促进企业研发成果积累，提高样本总产量，从而提高企业市场份额。

(11) 自主品牌销售份额—创新竞争力—顾客满意度—市场需求—新产品产量—新产品销售收入—产品销售收入—利润—研发人员比例—新产品研发—新产品成果存量—自主品牌销售份额。

这条回路表明通过自主品牌整合增加企业创新竞争力，提升顾客满意度，增加市场需求和新产品销售收入，提高研发人员比例，并进一步促进企业自主品牌建设。

(12) 政府与企业 R&D 投入比率—自身 R&D 投入—新产品研发—新产品成果存量—新产品产量—新产品销售收入—产品销售收入—政府与企业 R&D 投入比率。

这条回路表明政府通过财政手段支持企业研发投入，在总的研发费用一定的情况下，政府增加研发投入将减少企业自身的研发投入，降低新产品销售收入。

四、基于持续创新能力的中国汽车产业并购整合模式构建

1. 流图整体分析

根据以上因果关系图，确定系统流图，构建基于持续创新能力的中国汽车产业并购整合模式(如图 6-9 所示)。基于持续创新能力的中国汽车产业并购整合模式由学习与成长子系统、内部流程子系统、客户子系统和财务子系统等四个子系统组成。学习与成长子系统是整个系统的基础，是内部流程子系统以及客户子系统的战略实施的内在保障；内部流程子系统是整个系统的枢纽，通过改善流程将更好地服务客户；客户子系统是实现系统最终目标的前提，学习与成长子系

统和内部流程子系统的重要目标就是通过改善客户子系统实现财务目标；财务子系统是整个系统的最终指标，是整个系统的导向和结果。

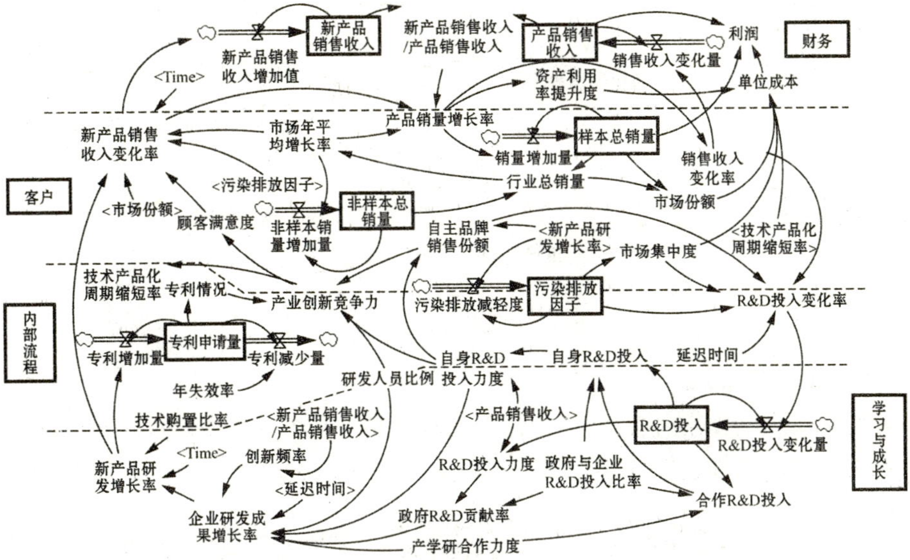

图 6-9　持续创新能力的中国汽车产业并购整合模式

2. 子系统分析

下面对持续创新能力的中国汽车产业并购整合模式中四个子系统之间的关系进行进一步分析，说明如何通过并购整合各子系统的影响因素以提升持续创新能力。

1）财务子系统

财务子系统不仅是系统的运行结果，也为系统后期的调整指明了方向。财务子系统流图如图 6-10 所示。

持续创新成长战略与生产率提升战略一起构成财务子系统的两大战略目标。财务子系统流图表明，创新流程整合可以增加企业新产品的竞争力，扩大企业新产品产销量，进而增加新产品销售收入和总产品销售收入。新产品销售收入与产品销售收入共同影响"新产品销售收入/产品销售收入"；同时通过并购整合提高资产利用率，降低企业单位成本，增加企业利润，以促进生产率提升战略的实现。企业通过创新成长战略和生产率提升战略，最终达到提升企业股东价值的战略目标。通过实现财务子系统的战略目标，反过来又进一步促进其他子系统的改善。

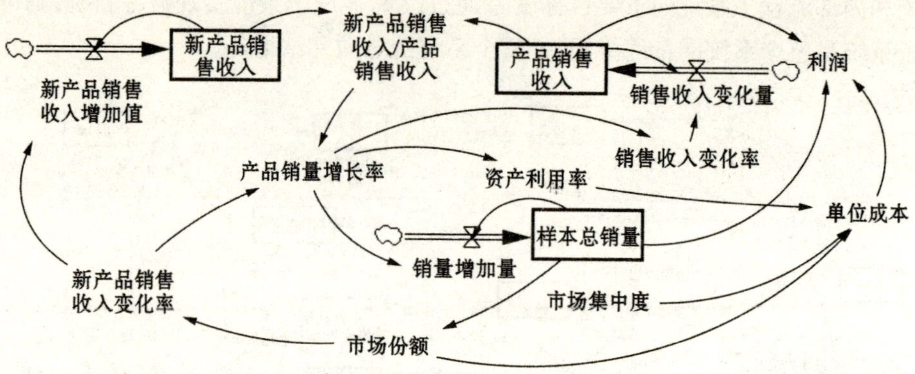

图 6-10　财务子系统流图

2）客户子系统

并购整合的整个过程中，内部流程的改进是为了提升客户满意度和忠诚度，而财务指标的实现状况更是依赖于客户。客户子系统流图如图 6-11 所示：

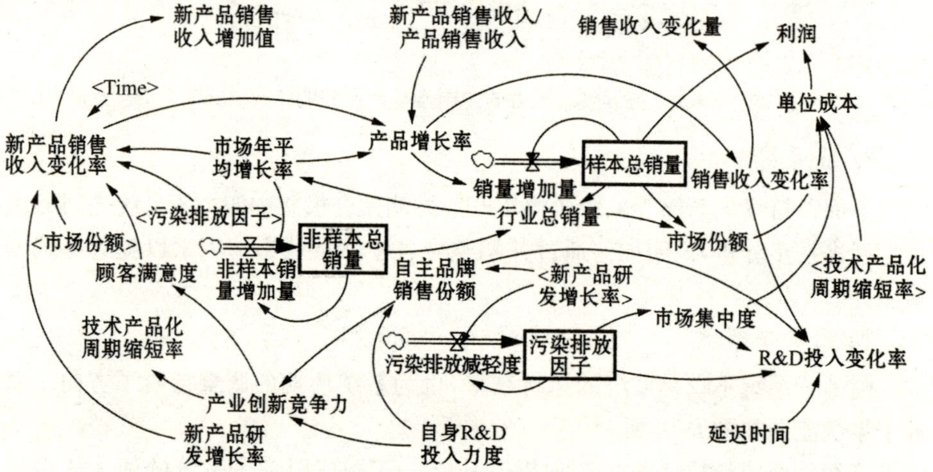

图 6-11　客户子系统流图

客户子系统流图表明，客户子系统主要包括市场整合与品牌整合两方面。在市场整合方面，通过对并购双方市场份额进行整合，提高顾客满意度，增加市场份额，提升产业集中度，降低单位成本；在品牌整合方面，并购双方企业的自主品牌整合将提高企业 R&D 投入，进一步提升新产品销售收入变化率。

3）内部流程子系统

内部流程子系统是企业持续创新能力的重要环节。只有流程层面得到实质的改善，才能提高顾客满意度，增加市场需求，最终提升股东价值。内部流程子系统如图 6-12 所示：

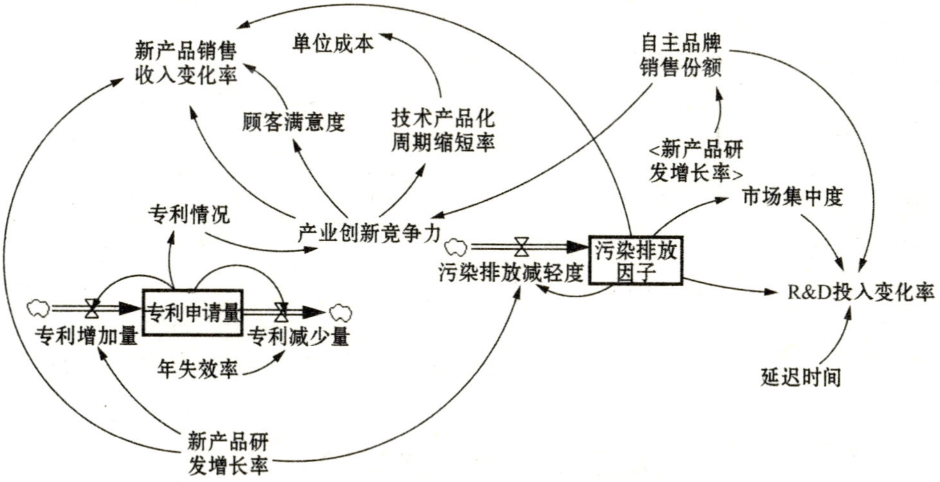

图 6-12 流程子系统流图

内部流程流图表明，内部流程子系统主要包括创新流程整合、作业流程整合和法规环境流程整合三方面。在创新流程整合方面，通过新产品研发整合增加专利申请量，而专利的年失效率会减少专利申请量，两者同时影响专利申请量变化；专利情况、研发人员比例、自身 R&D 投入力度、自主品牌销售份额共同作用于产业创新竞争力；在作业流程方面，通过并购整合缩短技术产品化周期，进一步降低企业产品单位成本，增加企业利润；在法规环境流程整合方面，通过新产品研发整合提高企业研发能力，改善企业污染排放状况，降低污染排放水平，提高股东价值。

4）学习与成长子系统

学习与成长子系统是提升持续创新能力的基础。只有学习和成长层面得到发展和改善，其他创新环节才能够顺利进行。学习与成长子系统流图如图 6-13 所示。

学习与成长子系统流图表明，有效整合企业 R&D 投入力度、产学研合作力度和研发人员比率，能够提高新产品研发增长率，促进新产品开发，提高财务层面的新产品销售收入占销售收入比重，最终持续提高企业价值。

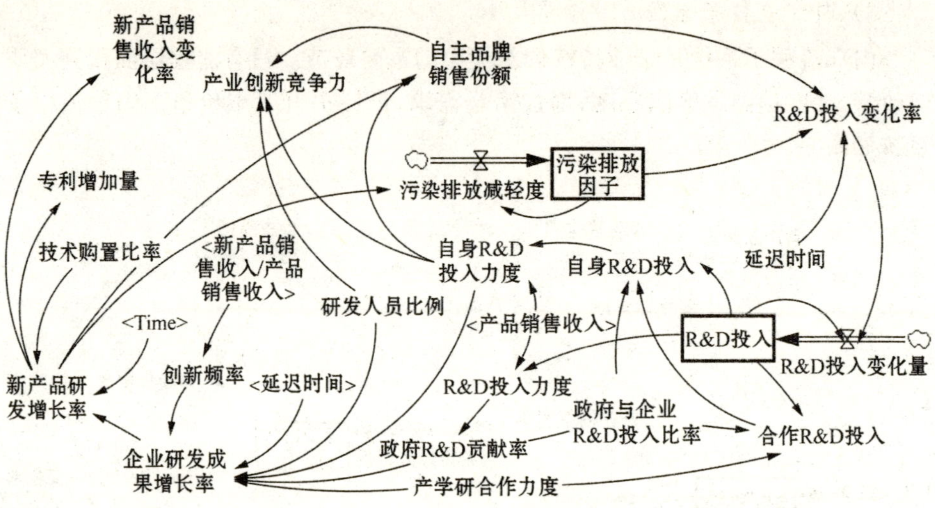

图 6-13　学习与成长子系统流图

第三节　动态模拟分析

一、确定参数取值

对持续创新能力的中国汽车产业并购整合模式进行模拟的数据主要来源于历年《汽车工业年鉴》、《中国汽车产业发展报告》、样本企业财务报表分析、问卷设计调查及统计资料分析等。

1. 确定关系式权重

本研究主要关系式的权重主要通过专家排序法确定。为计算出公式中相应指标的权重，课题组在基于持续创新能力的中国汽车产业并购整合模式的指标调查的专家中，选择 7 位专家对指标影响程度进行比较，得出指标权重，并进行显著性检验，计算过程见附件 2。根据计算结果，指标权重通过了显著性检验，从而确定涉及权重的主要方程式：

(1) R&D 投入变化率＝(SMOOTH3(市场集中度，延迟时间)＊0.2＋SMOOTH3(自主品牌销售份额，延迟时间)＊0.5＋SMOOTH3((1-污染排放因子/3.5)，延迟时间)＊0.3)^0.7＊销售收入变化率^0.3

(2) 企业研发成果增长率＝(DELAY3(产学研合作力度，延迟时间)^0.2＊

研发人员比例^0.6 * DELAY3("自身 R&D 投入力度",延迟时间)^0.2 * DELAY3("政府 R&D 贡献率",延迟时间)^0.2) * (1+"新产品销售收入/产品销售收入")

(3) 新产品销售收入变化率=IF THEN ELSE(Time<=7,(1+市场年平均增长率) * (新产品研发增长率^0.38 * (顾客满意度 * 0.25+市场占有率 * 0.25+(IF THEN ELSE(Time<=0,0.02,(1-污染排放因子/3.5))) * 0.5)^0.62),(1+市场年平均增长率) * (新产品研发增长率 * (顾客满意度+市场占有率+(1-污染排放因子/3.5)) * 1/3))

(4) 自主品牌销售份额=0.45+新产品研发增长率^0.65 * "自身 R&D 投入力度"^0.35

2. 确定参数初始值

模型中变量数据主要以样本企业数据为基础,同时根据研究汽车产业的需要,部分变量的数据采用产业数据,如市场年平均增长率、市场集中度、污染排放因子、技术购置比率、专利情况和自主品牌销售份额等。

通过《汽车工业年鉴》、《中国汽车产业发展报告》、"中国知识产权"官方网站和企业财务报表查询,得到 2010 年变量的初始值数据:自主品牌销售份额为 0.45,专利情况为 0.22,研发人员比例为 0.06,市场集中度为 0.6,R&D 投入力度为 0.018。

指标"年失效率"取值为 0.05,表示每年的专利失效比例为 5%。专利的失效主要与专利的有效保护期有关,因此该指标按照专利有效期进行估算,即按照发明、实用新型和外观设计三种专利类型各自占专利申请量的比例和有效期的倒数进行加权平均计算得到。

污染排放因子取值为 0.7。该指标数值通过国内外历次的污染排放标准中的氮氧化物排放指标比较计算得到。按照国内外现状分析,将污染排放标准每变化一次的时间取为平均值 3 年,该值反映了污染排放情况的改善力度和速度[①]。

"技术购置比率"数据主要来自于《中国汽车产业发展报告》中的"中国汽车产业技术改造和引进国外技术投资",同时根据《中国汽车工业年鉴》的相关统计分析估算,最终得到"技术购置比率"的数据。"技术购置比率"采用表函数形式,

① 胡玉华,郭彬. 欧Ⅵ汽车排放标准对我国汽车制造业造成新冲击[J]. 大众标准化,2010(2):41-43.

取值为:([(0,0)-(10,0.1)],(0,0.05),(1,0.05),(2,0.05),(3,0.1),(4,0.1),(5,0.1),(6,0.1),(7,0.05),(8,0.05),(9,0.03),(10,0.03))。

3. 参数假设

本书将“产学研合作力度”和“政府与企业 R&D 投入比率”作为策略模拟中的关键指标进行模拟。根据模拟需要,将“产学研合作力度”和“政府与企业 R&D 投入比率”分别取值为 10%、30%、50%和 70%。将取值的差距设置为 20%,主要是希望通过简明的分类来较全面地反映这两个指标在取值变化过程中的不同模拟结果。

指标“市场年平均增长率”采用了“IF 函数”,其值为:IF THEN ELSE(行业总产量<3800, 0.1, 0.02)。

创新频率的取值采用新产品销售收入占企业产品销售收入的比重进行衡量。新产品项目数量在一定程度上可由新产品销售收入反映出来。新产品销售收入占企业产品销售收入的比重越大,表明企业创新频率越高。该取值同时也表明财务维度指标对于学习成长维度的反馈作用。

本模型使用三阶物质延迟和三阶信息延迟。根据专家问卷调查,确定延迟时间为 2 年。使用三阶物质延迟的指标主要包括产学研合作力度、自身 R&D 投入力度和政府 R&D 贡献率;使用三阶信息延迟的指标主要包括市场集中度、自主品牌销售份额和污染排放因子。

二、主要方程式

根据变量的因果关系及参数估计,确定主要方程式如下:

(1)“R&D 投入”= INTEG(“R&D 投入变化量”,431750)

(2)“R&D 投入力度”=“R&D 投入”/产品销售收入

(3)“R&D 投入变化率”=(SMOOTH3(市场集中度,延迟时间)*0.2+SMOOTH3(自主品牌销售份额,延迟时间)*0.5+SMOOTH3((1-污染排放因子/3.5), 延迟时间)*0.3)^0.7*销售收入变化率^0.3

(4)“R&D 投入变化量”=“R&D 投入”*“R&D 投入变化率”

(5)专利情况=专利申请量/32000

(6)专利申请量= INTEG(专利增加量-专利减少量,7000)

(7)产业创新竞争力=专利情况*1*0.1+研发人员比例*9.5*0.28+自主品牌销售份额*0.6*0.15+“自身 R&D 投入力度”*19*0.47

(8) 产品增长率=(1+市场年平均增长率)*(1+新产品销售收入变化率*“新产品销售收入/产品销售收入”)-1

(9) 产品销售收入= INTEG(销售收入变化量,2.3986e+007)

(10) 企业研发成果增长率=(DELAY3(产学研合作力度,延迟时间)^0.2*研发人员比例^0.4*DELAY3(“自身 R&D 投入力度”,延迟时间)^0.2*DELAY3(“政府 R&D 贡献率”,延迟时间)^0.2)*(1+创新频率)

(11) “合作 R&D 投入”=“R&D 投入”*(1-“政府与企业 R&D 投入比率”)*产学研合作力度

(12) 市场份额=样本总产量/行业总产量

(13) 市场年平均增长率=IF THEN ELSE(行业总产量＜3800,0.1,0.02)

(14) 市场集中度=0.6+(1-污染排放因子/3.5)*0.2

(15) 年失效率=0.05

(16) 延迟时间=2

(17) 技术购置比率=([(0,0)-(10,0.1)],(0,0.05),(1,0.05),(2,0.05),(3,0.1),(4,0.1),(5,0.1),(6,0.1),(7,0.05),(8,0.05),(9,0.03),(10,0.03))

(18) “政府 R&D 贡献率”=“R&D 投入力度”*“政府与企业 R&D 投入比率”

(19) 新产品研发增长率=企业研发成果增长率+技术购置比率(Time)

(20) 新产品销售收入= INTEG(新产品销售收入增加值,6.54121e+006)

(21) “新产品销售收入/产品销售收入”=新产品销售收入/产品销售收入

(22) 新产品销售收入变化率=IF THEN ELSE(Time＜=7,(1+市场年平均增长率)*(新产品研发增长率^0.38*(顾客满意度*0.25+市场份额*0.25+(IF THEN ELSE(Time＜=0,0.02,(1-污染排放因子/3.5)))*0.5)^0.62),(1+市场年平均增长率)*(新产品研发增长率*(顾客满意度+市场份额+(1-污染排放因子/3.5))*1/3))

(23) 新产品销售收入增加值=新产品销售收入*新产品销售收入变化率

(24) 样本总产量= INTEG(产量增加量,602)

(25) 污染排放减轻度=污染排放因子*(1-(0.7^0.33-新产品研发增长率*0.2))

(26) 污染排放因子= INTEG(-污染排放减轻度,3.5)

(27) 研发人员比例=0.06

(28) 自主品牌销售份额=0.45+新产品研发增长率^0.8 *“自身 R&D 投入力度”^0.2

(29) “自身 R&D 投入”=“R&D 投入” *(1-“政府与企业 R&D 投入比率”)-“合作 R&D 投入”

(30) “自身 R&D 投入力度”=“自身 R&D 投入”/产品销售收入

(31) 非样本总产量= INTEG(非样本产量增加量,778)

三、模型检测

本书通过系统边界合理性检测、单位一致性检测和模拟检测来验证所构建模型的有效性。

1. 系统边界合理性测试

系统边界合理性测试主要是检查系统中重要变量是否是内生变量,同时测试系统的行为对系统边界假设的变动是否敏感。本书通过添加和去掉变量,观察系统是否能够构成回路。测试结论是在已有的变量范围内,系统可以构成完整的回路。

2. 单位一致性检测

单位一致性检验主要是通过 Vensim 软件中的 check model 功能实现。该功能能够检验模型中所有单位是否一致。如果不一致就无法运行模型,并会指出错误的位置;如果完全正确就会顺利运行模型。本书中系统流图已通过单位一致性检测。

3. 模拟检测

根据对基于持续创新能力的并购整合模式的分析,新产品销售收入和“新产品销售收入/产品销售收入”是财务子系统的主要输出变量,因此本书对新产品销售收入和“新产品销售收入/产品销售收入”进行模拟,以检验构建模型的有效性。

本书主要研究的是中国汽车产业如何通过并购整合提升持续创新能力,由于并购整合效应并不能在并购后立即显现,因此选择模拟在并购发生后 10 年的变化规律。模拟输出结果如图 6-14 所示。

模拟结果表明,“新产品销售收入/产品销售收入”在并购整合期间显现上升趋势。“新产品销售收入/产品销售收入”在整合初期(即最初 2 年)变化较为缓

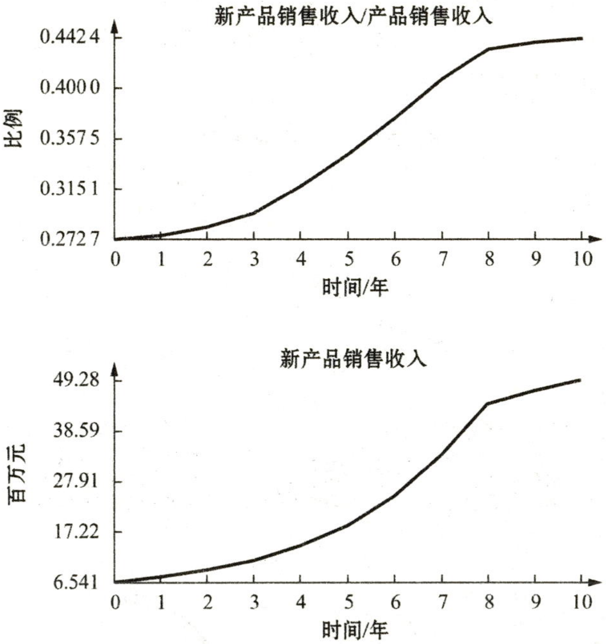

图 6-14 主要状态变量模拟结果

慢;在实质性整合过程中(即第 3 年到第 8 年)出现较大幅度的提升,“新产品销售收入/产品销售收入”增长了 47%;在整合期基本结束后(即第 8 年后)增长较为缓慢。新产品销售收入也呈现出类似于“新产品销售收入/产品销售收入”的变化规律。该模拟结果符合成功并购整合的发展规律,表明本研究构建的模型是有效的。

四、策略模拟分析

本研究对产学研合作力度、市场集中度、污染排放因子、政府与企业 R&D 投入比率和专利申请量等系统主要变量分别进行策略模拟。

(1) 产学研合作力度模拟。根据 R&D 投入中用于产学研合作的经费占总 R&D 投入的不同比例确定四个策略,分别为策略 1-1:10%;策略 1-2:30%;策略 1-3: 50%;策略 1-4: 70%。模拟结果如图 6-15 所示。模拟结果表明,随着产学研合作力度的提高,新产品销售收入和“新产品销售收入/产品销售收入”呈现先增后减的变化趋势。当从策略 1-1 到策略 1-2 时,新产品销售收入和“新产品销售收入/产品销售收入”逐步提高;当产学研合作力度继续增加,达到策略 1-3

和策略 1-4 时，随着产学研合作力度的加大反而减小。在第 10 年末，策略 1-4 的新产品销售收入相比策略 1-2 的新产品销售收入降低了 7.6%，并且相邻策略之间的降低幅度也越来越大。

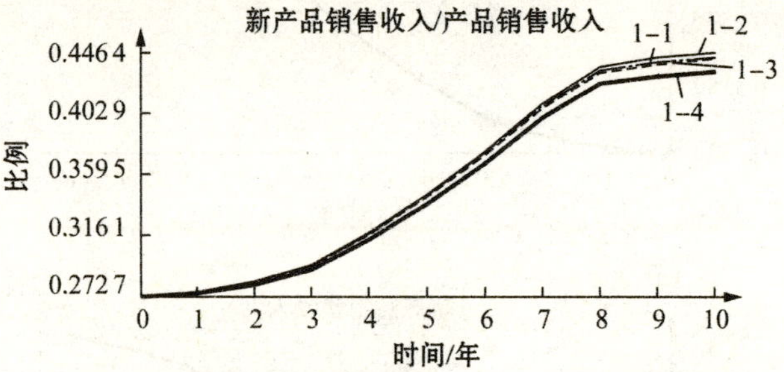

"新产品销售收入/产品销售收入"：1-4（产学研合作力度为70%）
"新产品销售收入/产品销售收入"：1-3（产学研合作力度为50%）
"新产品销售收入/产品销售收入"：1-2（产学研合作力度为30%）
"新产品销售收入/产品销售收入"：1-1（产学研合作力度为10%）

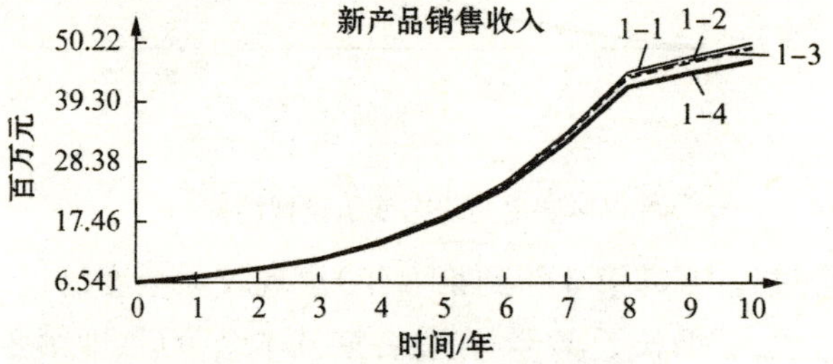

新产品销售收入：1-4（产学研合作力度为70%）
新产品销售收入：1-3（产学研合作力度为50%）
新产品销售收入：1-2（产学研合作力度为30%）
新产品销售收入：1-1（产学研合作力度为10%）

图 6-15　产学研合作力度的模拟结果

(2) 市场集中度模拟。根据市场集中度(CR_4)的不同取值确定三个策略，分别为策略 2-1：60%；策略 2-2：70%；策略 2-3：80%。模拟结果如图 6-16 所示。模拟结果表明，"新产品销售收入/产品销售收入"和新产品销售收入都有类似变化规律。从策略 2-2 到策略 2-3，"新产品销售收入/产品销售收入" 和新产品销售收入变化并不明显。在第 8 年末策略 2-2 和策略 2-3 的"新产品销售收入/产品销售收入"分别比策略 2-1 仅增长 0.23%和 0.46%。

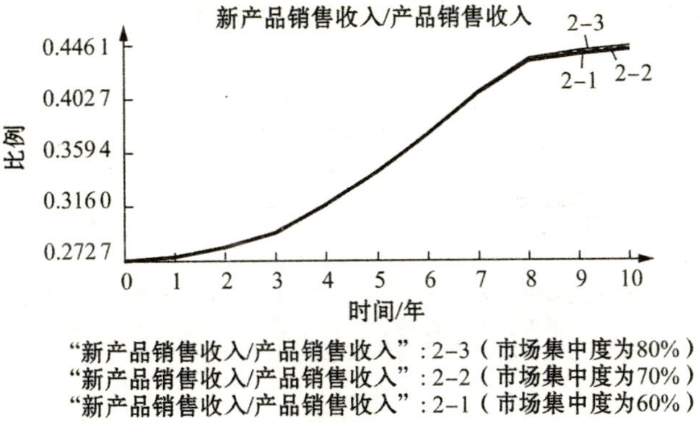

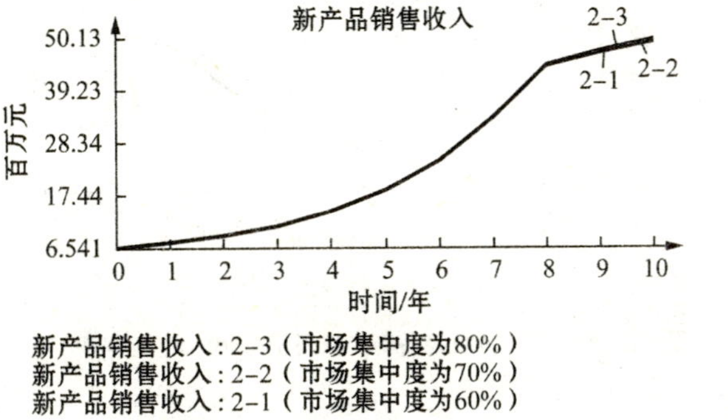

图 6-16　市场集中度的模拟结果

（3）污染排放因子模拟。根据污染排放新标准中氮氧化物排放标准是原标准的不同百分比确定三个策略，分别为策略 3-1：70%；策略 3-2：60%；策略 3-3：50%。模拟结果如图 6-17 所示。模拟结果表明，新产品销售收入和"新产品销售收入/产品销售收入"有类似变化规律。如果提高污染排放标准，对新产品销售收入和"新产品销售收入/产品销售收入"有较大正面影响。在第 10 年，策略 3-2 相比策略 3-1，新产品销售收入增长 12%；策略 3-3 相比策略 3-2，新产品销售收入增长 10.5%，但新产品销售收入的增加速度呈现变缓的趋势。

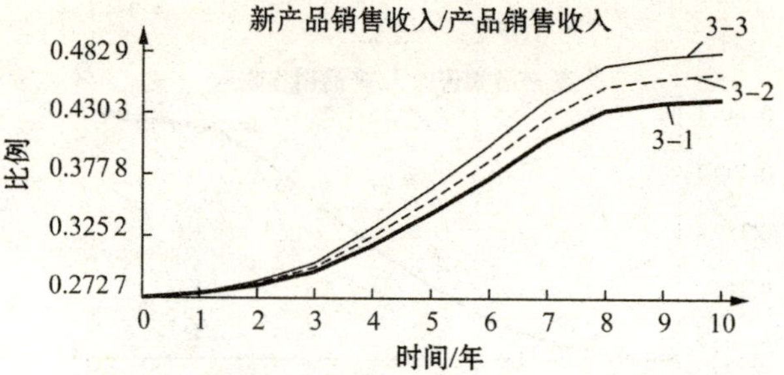

"新产品销售收入/产品销售收入"：3-3（污染排放因子为50%）
"新产品销售收入/产品销售收入"：3-2（污染排放因子为60%）
"新产品销售收入/产品销售收入"：3-1（污染排放因子为70%）

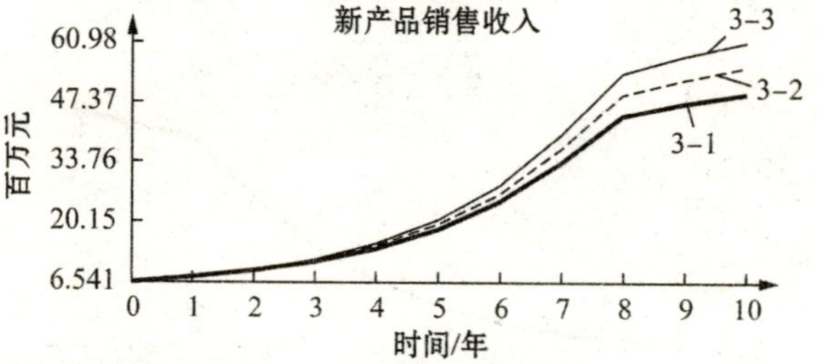

新产品销售收入：3-3（污染排放因子为50%）
新产品销售收入：3-2（污染排放因子为60%）
新产品销售收入：3-1（污染排放因子为70%）

图 6-17　污染排放因子的模拟结果

（4）专利申请量模拟。在初始条件下，分别将专利申请量和"新产品销售收入/产品销售收入"、专利申请量和新产品销售收入进行组合分析。模拟结果如图 6-18 所示。模拟结果表明，专利申请量与新产品销售收入之间的关系和专利申请量与"新产品销售收入/产品销售收入"之间的变化关系类似。当专利申请量在前 3 年增长 9.8%时，"新产品销售收入/产品销售收入"增长了 8.1%；当专利申请量在第 3 年和 8 年之间增长 45.3%时，"新产品销售收入/产品销售收入"增长了 46.8%，即企业间的整合进入运作期，两者之间的变化联系最为明显，而且两者之间的增长最为快速；当专利申请量在第 8 年和第 10 年之间增长 7.5%时，"新产品销售收入/产品销售收入"增长了 2.1%。在该阶段专利申请量的变化与持续创新能力提升的变化都较为缓慢。

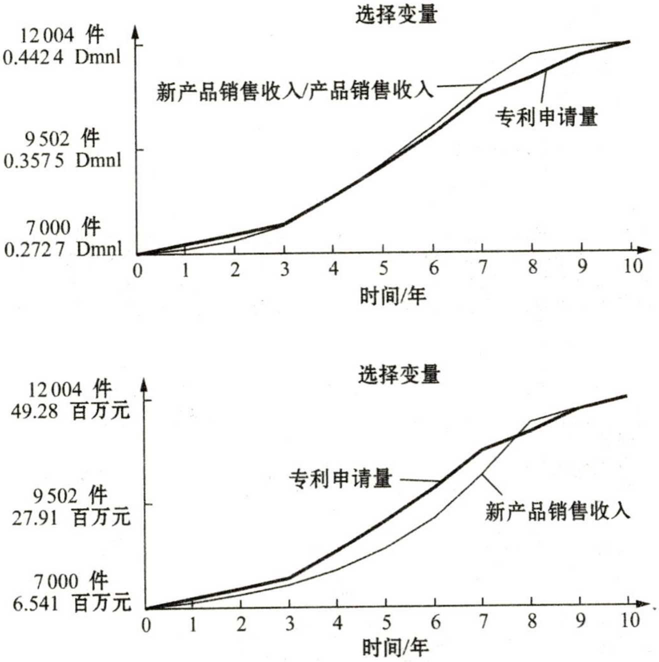

图 6-18 专利申请量的模拟结果

(5) 政府与企业 R&D 投入比率模拟。根据政府 R&D 投入与企业 R&D 投入比例，确定为四个策略，分别为策略 5-1：10%；策略 5-2：30%；策略 5-3：50%；策略 5-4：70%。模拟结果如图 6-19 所示。模拟结果表明，当策略 5-1 变化到策略 5-2 时，"新产品销售收入/产品销售收入" 和新产品销售收入是增长的。当该比率继续增加，达到策略 5-3 和策略 5-4 后，"新产品销售收入/产品销售收入"和新产品销售收入随政府研发投入力度的加大反而减小。在第 8 年末，策略 5-4 的新产品销售收入相比策略 5-2 的新产品销售收入降低了 6.5%。

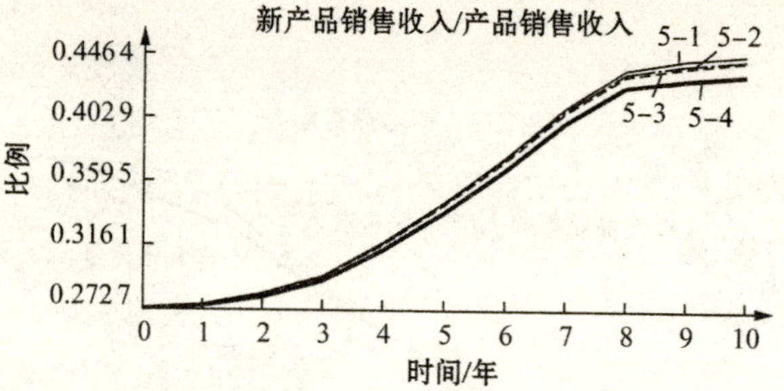

“新产品销售收入/产品销售收入”：5-4（政府与企业R&D投入比率为70%）
“新产品销售收入/产品销售收入”：5-3（政府与企业R&D投入比率为50%）
“新产品销售收入/产品销售收入”：5-2（政府与企业R&D投入比率为30%）
“新产品销售收入/产品销售收入”：5-1（政府与企业R&D投入比率为10%）

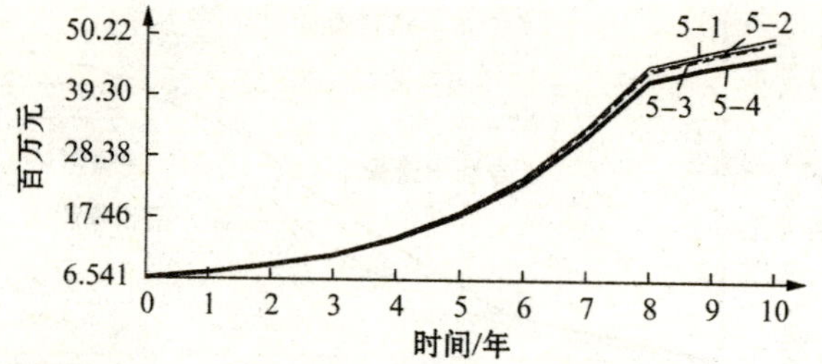

新产品销售收入：5-4（政府与企业R&D投入比率为70%）
新产品销售收入：5-3（政府与企业R&D投入比率为50%）
新产品销售收入：5-2（政府与企业R&D投入比率为30%）
新产品销售收入：5-1（政府与企业R&D投入比率为10%）

图 6-19　政府与企业 R&D 投入比率的模拟结果

五、结论

(1) 通过合理的并购整合方式能够有效提升中国汽车产业的持续创新能力。主要输出变量模拟结果验证了本书所构建模型的有效性，同时证明了通过并购整合方式能够有效提升中国汽车产业持续创新能力，因此中国汽车产业应将并购整合作为提升持续创新能力的重要手段。

(2) 适度的产学研合作力度能够有效提升持续创新能力。产学研合作力度的模拟结果表明，当产学研合作力度在合理范围内时，对持续创新能力提升的作用比较明显，而超过合理范围则会降低持续创新能力。这表明在产学研合作过程中，汽车产业应以汽车企业为主要创新力量，通过有效并购整合研发资源，建立良好的产学研合作机制，才能有效提升中国汽车产业的持续创新能力。

(3) 仅提高市场集中度难以显著提升汽车产业持续创新能力。市场集中度的模拟结果表明，汽车产业市场集中度和持续创新能力之间没有明显关联性。

因果回路图表明，中国汽车产业并购如果只是追求扩大规模，提高市场集中度，虽然能够获得一定的规模效应，但并不能显著提高持续创新能力。中国汽车企业存在“大而不强”的现象，就是这一规律的现实反映。因此中国汽车产业并购整合不应将提高市场集中度作为汽车产业并购整合的主要目的，而应将提高持续创新能力作为并购整合的基本导向。

（4）提高污染排放标准有利于提升持续创新能力，但边际增长效应呈现递减性。污染排放因子的模拟结果表明，汽车产业通过并购整合，能够提升产业整体排放水平，淘汰落后产能，加快提升持续创新能力。模拟结果同时表明，随着污染排放标准的提高，通过并购整合实现的边际效益会降低，边际增长效应呈现递减性。这就需要中国汽车产业在重视传统污染排放技术的同时，应加大对新能源汽车产业的整合力度，以此进一步提升持续创新能力。

（5）提高专利申请量能有效促进提升持续创新能力。专利申请量的模拟结果表明，专利的积累过程与持续创新能力的提升过程密切相关，同时因果回路图表明，创新成果转化为知识产权能够有效提高创新的长期经济效益，因此中国汽车产业应重视通过提高专利申请量，加速企业创新成果产权化，促进企业创新成果向实际效益转化。

（6）政府扶持力度对于提升汽车产业持续创新能力具有重要作用。政府与企业 R&D 投入比率的模拟结果表明，当政府的财政扶持力度在一定范围内时，对企业的持续创新能力有较大的提升作用，而超过这一范围则会逐步出现抑制性的负面作用，因此政府应定位于并购整合政策的制定者和引导者，在尊重汽车企业自主并购整合意愿的前提下，通过恰当的扶持力度，引导汽车企业通过并购整合提升持续创新能力，促进中国汽车产业的可持续发展。

第七章

政策建议

中国汽车产业发展正处于中国经济转轨时期，需要政府、行业组织、中介机构提供全方位的服务，形成良好的产业发展环境，才能有效提升汽车产业持续创新能力。合理的产业政策能够促进汽车产业的协调发展，有助于汽车产业结构升级。根据前文的研究结论，本书从以下六个方面提出汽车产业政策建议。

第一节 明确政策导向，完善评价体系

1. 以持续创新成长战略为主导，兼顾生产率提升战略应成为中国汽车产业并购政策的基本导向

根据基于持续创新能力的并购整合模式结构，中国汽车产业并购整合政策应以持续创新成长战略为主导，兼顾生产率提升战略。中国汽车产业并购绩效的实证分析表明，样本企业的持续创新能力在并购整合后没有发生明显变化，这主要是由于现有的中国汽车产业的并购政策侧重于提高市场集中度，片面追求扩大规模，主要以生产率提升战略为导向。因果回路图表明，提升市场集中度可以在一定程度上降低企业的单位生产成本，促进生产率提升战略，但根据策略模拟中的市场集中度模拟显示，市场集中度对持续创新成长战略的促进作用并不显著。这是由于在中国市场需求旺盛的情况下，生产率提升战略带来的短期收益难以支持长期的持续发展。只有持续创新成长战略形成的长期收益才能有效形成可持续发展。违反汽车产业发展规律盲目扩大规模，反而会影响汽车产业长远发展。因此，中国汽车产业并购政策应进一步调整政策导向，使其由提高市场集中度向提升持续创新能力的方向转变。中国汽车产业并购政策应将提升持续创新成长战略作为政策的核心内容，形成以持续创新能力为导向的并购整合模式，以此有效提高中国汽车产业的持续创新能力，促进中国汽车产业的可持续发展。

2. 引入新产品指标，完善企业绩效考核的评价体系

为引导建立以持续创新战略为主导的并购整合模式，应进一步完善企业业绩考核评价体系。在对汽车企业进行业绩考核时，不仅要考核利润增长、资产利用率等指标，应将持续创新成长战略指标作为重点考核指标。

目前中国汽车产业持续创新能力调查还没有制度化，数据缺乏连续性，而且常规的企业统计也缺少相应的数据支撑。统计部门并未将新产品销售收入、新产品占销售收入比重等指标纳入统计范围，因此难以对汽车产业的持续创新能力进行全面评价。本书建议将新产品销售收入、新产品占销售收入比重作为衡量汽车产业创新成果的重要财务指标纳入考核指标体系，并将这些指标纳入中国汽车行业统计年鉴范围。汽车产业主管部门应根据基于持续创新能力的并购整合模式的指标体系，形成全面评价体系，引导构建基于持续创新能力的并购整合模式。

第二节　明确政府作用定位，充分发挥政策引导功能

1. 政府作用与市场机制作用相结合，确定政府作用定位

政府在我国汽车产业发展中具有不可忽视的地位。我国的市场经济体制脱胎于计划经济，具有自身的一些特点，具体表现为三个方面：①中国正处于经济转型时期，转型时期的政府肩负着制订产业战略、法律法规及资源配置等多重功能。市场作用是配置资源的良好机制，但在目前情况下，仅依靠市场手段并不能保证通过并购整合促进汽车产业资源的最优配置和产业结构升级；②大型国有企业是中国汽车产业的重要组成部分，政府对其有宏观和微观双重影响。若完全通过市场的力量实现并购整合，最后结果可能会出现更多的小而弱的企业，造成资金和资源浪费；③汽车产业与经济、社会、环境协调发展所涉及的问题远远超出了汽车投资和生产层面的问题。政府关注的重点应从社会稳定和谐、经济健康发展的角度关注汽车产业发展，从汽车产业的发展看待汽车企业，以促进汽车社会的健康发展。

为适应全球化趋势，我国的汽车并购产业政策应在充分尊重市场竞争机制基础性作用的前提下，通过政府管理职能及其实现方式的转换，重新定位政府、市场与企业在市场化过程中的角色。政府失灵和市场失灵的存在决定了产业政

策作用边界应是以市场失灵为下限、以政府失灵为上限①。政府制定和执行汽车产业的并购政策的主要目的是在市场失灵的地方起作用，而不是代替市场。政府的作用范围应侧重于对市场竞争机制的引导、补充和完善方面，而不应削弱甚至替代市场竞争机制，避免出现“拉郎配”等低效率的并购，实现市场配置下的企业自主并购。汽车产业并购政策应遵循建立公平竞争机制和实现可持续发展等原则，为汽车产业并购整合创造良好环境。

2. 通过财税政策引导企业创新投入

通过对政府与企业研发投入比例的模拟表明，企业研发投入是主体，政府研发投入主要是引导作用。因果关系图中的第 12 条回路表明，如果政府研发投入占总的研发投入的比重过大，则会降低企业研发投入的积极性，影响企业的自主研发和创新成果，最终降低企业的持续创新能力。

政府应通过财税政策的调控，促进企业增加创新投入，建议采用以下政策：第一，适当减免自主开发企业产品税收，对开发费用采用不同的税率，甚至对研发投资较多的企业返税；第二，企业投入的技术开发费用比上年实际增长一定比例的，可按实际发生额酌情抵扣当年度的应纳税所得额；第三，对当年实际列支的技术开发费占销售额的比例高于上年的企业，可通过项目形式给予一定比例的配套拨款支持；第四，对技术开发和技术改造联动的项目，将给予政策上的优先支持。

3. 政府的作用应从经济性管制逐步转向社会性管制

目前我国对汽车产业的管理仍然主要是经济性管制。从经济性管制向社会性管制转变，已经成为未来制定汽车产业政策的必然走向。产业政策在制定和实施的过程中，其核心是政府管理职能的转变，即从制定产业生产计划、规定产业进入壁垒的经济性管制，向关注汽车安全、环境保护、能源节约的社会性管制转变。这种转变的内容主要表现在以下三个方面：

第一，管制理念应当由保护生产者利益转为维护消费者权益。因果回路图表明，顾客满意度是提升汽车企业持续创新能力的重要因素。纠正职能越位和缺位，要求政府首先在管制理念上实现从保护生产者利益向维护消费者权益的方向转变。

第二，管制核心应当由制定产业计划转为完善汽车立法。基于持续创新能

---

① 赵月岚. 中国现行汽车产业政策的再思考[J]. 汽车工业研究，2009，3：2-6.

力的并购整合模式表明，规范环境对提升企业价值具有重要作用。汽车法令法规是国家为了防止汽车对人身、财产、社会环境、资源造成危害，对汽车的安全、环保和质量所做出的一系列规定的统称。完善汽车立法要求把产业政策中的有关并购规定，以法律条文的形式明确下来，尽快实现汽车产业并购政策法制化。各种与此相背离的地方性和部门性规章理应失效。这样才能使产业政策中有关保护社会公共利益的规定得以真正贯彻。

第三，为企业并购提供全面准确的产业信息咨询。信息的不完整极易导致并购决策的失误，并购的协调成本和交易成本也将随之增加。为使企业能够正确把握并购投资方向，政府可利用其在宏观信息方面的统计优势，向社会各界提供汽车产品的最新供求情况和价格走势等资料，定期公布国有资本进行产业结构调整的相关走向；大力支持汽车产业信息咨询业的发展，使汽车企业能够及时获取真实而详尽的各种产业发展信息；应建立专门的汽车产业并购数据库，根据以持续创新能力为导向的并购行为的特点，对成功的并购整合事件进行归类，梳理成完整的成功案例，为企业的并购活动提供良好的实践基础。

第三节　完善产学研合作机制，形成企业研发主体

1. 完善产学研资源整合，建立产学研合作协调机制

产学研合作是汽车产业利用外部资源提升自身创新水平的重要方式。因果关系图中的第 7 条回路表明，企业在并购后对产学研资源进行整合，能够有效提升持续创新能力。

我国汽车产业产学研合作应建立开放式的协作攻关体系，重心在于建立秩序和机制。政府应牵头，加强汽车企业、研发机构及高校之间的联系与合作，建立基于持续创新能力的国家级研发平台。通过这一平台从战略层面对“基于持续创新能力的并购整合模式”进行探讨，加强对产学研合作的外部资源（包括原有合作高校资源和原有研发机构）进行整合，建立公共交流平台，扩大合作领域，在并购与被购企业之间实现项目的交互研究，形成内部资源最大化利用，从战略层面保证产学研合作的顺利开展。

2. 重视企业内部研发，引导企业自身创新投入

策略模拟中“产学研投入力度”模拟分析表明，在合理的产学研合作力度下，我国汽车产业的产学研合作能够有效提升企业持续创新能力，但超出一定范围，

这种作用就会减弱，甚至导致持续创新能力的减弱。因此，在产学研合作机制中，汽车企业应在产学研合作中处于主导地位。这就要求完善创新激励政策，支持企业自身的创新行为，建立和拓宽外部资本投资汽车创新渠道，实现企业自身创新投入来源和渠道多样化，引导企业加大自身创新投入；同时政府应针对不同的汽车技术特点在产学研合作中发挥引导作用：产业共性技术具有高开发成本、高风险的特点，这些对于一般的企业来说是无法承担的，但这类技术广泛应用于整个汽车工业领域，所以这类技术的研发，应由政府专门组织研发机构，向社会提供技术公共产品；对于汽车产业的通用技术，政府应出面协调，构建相应的技术创新战略联盟，开展有关的基础性合作创新，建立共享的数据库；对于较昂贵的实验设备，政府可以选择整合现有的资源，投资或者参资建立实验室，如行业公共实验室和前瞻技术实验室等。整个过程中政府应对共性技术开发提供部分财政支持，促进产学研参与主体的合作，协调减少技术联合体中的冲突摩擦，降低合作成本①。

第四节　降低污染排放水平，扶持新能源汽车发展

1. 逐步提高汽车产业污染排放标准

污染排放因子的模拟结果表明，提高污染排放标准对于提升持续创新能力具有重要作用。汽车产业政策应逐步提高污染排放行业标准，有效淘汰落后产能，加快淘汰能耗高、污染重的企业，为汽车产业并购提供机会，引导企业的并购整合行为。汽车产业政策应扶持传统内燃机的污染排放技术的发展，有步骤地提高燃油消耗量限值标准、汽车排放标准和汽车安全标准，实施对节能、环保汽车的经济性激励，对高油耗汽车采取经济性限制政策。

2. 大力扶持新能源汽车的发展

策略模拟中的污染排放因子的模拟结果显示，随着污染排放标准的不断提升，持续创新能力的增长速度呈现出变缓的迹象。这表明随着污染排放标准的提高，企业的技术瓶颈越来越大，传统的污染排放技术难以解决环境治理的根本问题。

新能源汽车是解决污染排放问题的有效方式。政府应进一步提高对新能源

① 刘菲.汽车工业技术创新能力分析与对策研究[D].天津大学：2009：51-52.

汽车发展的扶持力度，可采取的主要措施包括：第一，国家应制定明确的新能源汽车发展中长期规划和阶段性发展目标，使汽车企业真正看到政府长期发展新能源汽车的决心；第二，应建立完善的新能源汽车配套体系。可采取整车和零部件企业紧密协作、政府积极扶持的三位一体方式予以推动，积极鼓励关键零部件的标准化、系列化和知识产权自主化，面向国内、国外两个市场，培育我国新能源汽车关键零部件产业；第三，通过并购整合提升新能源汽车产业的持续创新能力。目前新能源汽车产业过于分散，各自实力较弱，难以形成核心技术突破。汽车产业政策应鼓励新能源企业通过并购整合，在并购和被并购企业之间整合优势资源共同开发，提高研发投入效率，形成有效的研发分工与合作，提高成功的可能性和速度，实现中国汽车产业跨越式发展；第四，应建立综合性经济奖励与惩罚制度。不同企业生产的不同新能源汽车的排放、节能性能差别很大，政府应起到引导和规范的作用。应结合燃料经济性和排放对企业每年生产车辆的总体节能减排效果进行计算，建立科学、统一的评价标准进行考核，将新能源汽车的生产纳入评价体系；第五，引导和鼓励消费者购买需求。虽然新能源汽车有着巨大的社会效益，但在大批量进入市场之前，无法避免成本高、价格高、经济效益低的情况，而对于一个普通消费者来说，价格是决定是否购买新能源汽车的关键因素。在这种情况下.就需要发挥政府行为的引导作用。世界各国发展高新技术产业的通用做法就是利用优惠产业政策进行扶持。在新能源汽车的发展过程中，特别是发展初期，政府的作用是主导性的。没有政府强有力的支持和推动，很难实现新能源汽车技术的突破，更谈不上产业化。在政府的鼓励政策中，经济激励政策的作用最直接，也是效果最明显的。政府应对新能源汽车的研发和销售给予财政补贴、税收优惠，增加企业的积极性，特别对于核心关键技术和重大项目攻关能力应给予关键技术重点支持，促使在该领域取得突破性、跨越式创新。

第五节　促进专利成果转化，提升自主品牌形象

1. 重视成果转化，促进企业研究成果转化为经济效益

专利申请量模拟表明，提高专利申请量能够有效提升汽车产业持续创新能力。中国汽车产业将研究成果转化为专利，不仅有利于保护企业的研究成果，实现长期利益增长，而且对于打破国外汽车关键技术垄断具有重要意义。汽车产

业政策应鼓励企业通过并购整合，将分散的专利技术进行协同，将各自的专利技术进行共享，共同组成产品技术标准的专利集合体，发挥资源的集中优势，加快研发创新速度，形成符合市场需求的新产品。汽车产业政策应对符合产业导向的企业自主开发的专利技术，其申请国内外专利的申请费给予全额补贴，专利代理费和专利维持费给予部分补贴，激励汽车企业积极申请专利，加大对发明专利的资助力度，降低对实用新型和外观设计专利的资助，引导专利结构不断优化，提高企业知识产权创造、运用和保护能力，实现研究成果向经济效益的转化。

2. 以专利为纽带，加强品牌整合

专利整合是品牌整合的重要内容。因果关系图中的第 11 条回路表明，企业的品牌整合能够扩大企业的自主品牌销售份额，提升企业的品牌竞争力，获得更高的顾客满意度，同时促进企业自主研发的投入，加快新产品的产出和专利的积累，专利的积累又促进企业的自主品牌建设，以此形成良性循环。以上回路表明，专利和企业品牌整合之间存在着紧密的联系。政府应鼓励企业通过知识产权整合，将并购双方企业中能够提升持续创新能力的专利技术融入产品，充分利用彼此的品牌效应，提升品牌形象，提高汽车企业的自主品牌价值。

第六节　推进政策创新，完善市场机制

1. 破除地方壁垒，形成利益共同体

全国目前 27 个省、区和直辖市能够生产整车，拥有 30 多个整车生产平台的能力，条块分割、地区保护使得汽车产业的跨地区并购整合极其艰难①。目前很多汽车企业将发展重心放在扩张产能上，而不愿跨地区并购整合。这是由于汽车产业对于其他产业及就业的拉动作用巨大，地方政府希望以财政补贴、廉价出让土地等方式吸引汽车企业扩张产能。地方政府对并购整合不重视，根本的原因是担心汽车产业的并购整合会对本地的 GDP、税收、就业岗位等造成损失。因此在地方政府的支持下，汽车企业将大量资金投入到了汽车产业扩充产能，而不愿执行跨地区产业并购整合。

为重构全国统一汽车市场，保护公平竞争，优化汽车产业组织结构，中央政府有必要持续推进微观财政政策供给创新。这些政策应主要包括：第一，清理废

① 郎贵飞. 美日德的汽车产业政策及其启示[J]. 经济问题探索，2006(11)：135-138.

止各种妨碍汽车产业并购整合的规定，尤其要坚决取消各地区自行出台的限制外地企业对本地企业实施并购整合的规定；其二，要进一步加强对企业并购重组的引导和政策扶持，包括企业并购重组涉及的资产评估增值、债务重组收益、土地房屋权属转移等。在不违背国家有关政策规定的前提下，地区间可根据企业资产规模和盈利能力，签订企业并购整合后的财税利益分成协议，妥善解决企业并购重组后工业增加值等统计数据的归属问题，实现企业并购重组成果共享，促使并购双方形成利益共同体。

2. 鼓励民营资本参与汽车产业并购重组

产业政策要发挥作用，则必须以市场机制为基础，尊重各种所有制汽车企业的自主性。目前民营企业的投资经营与国有企业和外资企业相比，在项目审批、土地征用等一系列环节上面临着更大的困难。据统计，目前我国共有各类汽车生产企业 700 多家，其中有 200 多家汽车企业多年来产量极少甚至没有产量，生存状况困难①。这些企业成为民营资本进入汽车产业的壳资源。政府应鼓励民营资本对这部分壳资源的收购，盘活这部分资产，鼓励社会资金参与汽车产业的改造和重组，促进投资主体多元化，建立以竞争政策为核心的产业组织政策，形成有利于多种所有制企业共同发展的公平竞争环境。

3. 建立健全退出机制

劣势企业能够顺畅退出是市场经济成熟发育的标志之一。在汽车产业并购整合过程中，税收政策应支持汽车企业建立退出机制，对不能维持正常生产经营的汽车生产企业实行加速淘汰。这些劣势企业缺乏持续创新能力，缺乏核心技术、主导产品。对于持续创新能力差并且企业规模小的汽车企业，应该通过市场竞争的法则，实现优胜劣汰。应通过多种措施引导那些没有潜力和生产空间的企业尽早自动退出市场，实现整个产业的结构升级，以促进持续创新能力的提升。完善退出机制，应首先设置多种退出渠道。政府应鼓励没有发展潜力的企业将自己的资产转卖给其他企业，也鼓励大型汽车集团并购有一定规模但缺乏持续创新能力的企业。渠道的多样化可以保证不同企业根据自身状况选择退出方式；其次，妥善处理退出之后的工作。政府应加强对退出企业的员工进行合理妥善安排，对主动退出市场的企业主进行适当的财政补偿或者再创业支持。应建立适当的援助机制，援助落后企业的退出和产业转型。

---

① 魏学珍. 车企高速路“并道”在即[J]. 南风窗，2009(8)：72-73.

4. 重点推动汽车企业强强并购整合

通过并购整合提升持续创新能力最为有效的方式是汽车企业强强并购整合。在中国汽车产业普遍较弱的情况下，排名较前的汽车企业集团之间应进行优势互补，通过整合并购双方的优势资源，有效提升持续创新能力。为提高并购整合的有效性，汽车产业政策应鼓励汽车企业进行强强并购整合。国家应在制定关于企业重组和清算所得税处理办法时，以税收优惠措施支持汽车企业以并购整合方式发展大型汽车企业集团，实现优势互补和资源共享，以此提高持续创新能力，推动中国汽车产业持续健康发展。

附　　录

附录 1　调查问卷

尊敬的先生/女士，

您好！非常感谢您抽出宝贵时间参与问卷调查。悉知您在该领域有丰富的知识和经验，敬请您对于中国汽车产业通过并购整合提升持续创新能力的相关内容提出宝贵意见和建议。本问卷纯属学术研究目的，旨在为中国汽车产业的发展和政府决策提供理论支持，所获信息不会用于商业目的。请您放心并尽可能客观回答，并于　　月　　日前返回问卷。

衷心感谢您的支持和帮助！

课题组

【课题背景介绍】

汽车产业是国民经济发展的重要支柱产业。2008 年爆发的全球金融危机使中国汽车产业受到强烈冲击。中国政府于 2009 年 1 月紧急出台了《汽车产业振兴规划》。该规划明确指出中国汽车产业未来的战略方向是加快推进汽车产业并购步伐。

中国汽车产业并购要解决的核心问题是如何有效提升汽车产业的持续创新能力。为实现可持续发展，就必须提高我国汽车产业的持续创新能力。

基于持续创新能力的中国汽车产业并购的关键环节在于并购后的整合。汽车企业并购后整合模式及其政府的政策选择是影响持续创新能力的决定性因素。

因此，在目前的国内国际新形势下，中国汽车行业需要加快汽车产业并购步伐；汽车产业并购必须以提升持续创新能力为导向；提升持续创新能力的关键环节在于并购后的整合。以上三方面因素，为提出本课题的研究背景。

第一轮调查问卷

您的基本情况（请在选项上作标注，或在横线处填空）

1、您所在单位：A. 汽车企业　B. 政府机关　C. 科研机构　D. 高校　E. 其他

2、您的最高学历：A. 博士　B. 硕士　C. 本科　D. 大专　E. 大专以下

3、您的专业：A. 机械工程　B. 电信工程　C. 汽车工程　D. 交通运输　E. 经济管理　F. 其他

4、您参加相关工作的年限：A. 1～2 年　B. 3～5 年　C. 6～10 年　D. 11～25 年　E. 25 年以上

5、您对汽车行业并购整合的熟悉程度：

A. 非常熟悉　B. 熟悉　C. 一般　D. 不熟悉

6、您对汽车行业持续创新的了解程度：

A. 非常了解　B. 了解　C. 一般　D. 不了解

中国汽车行业并购整合影响因素一级指标调查，在选项内打“√”或打“×”。

维度	一级指标	同意（√）	不同意（×）及意见
财务	持续创新成长战略		
	生产率提升战略		
客户	市场整合		
	品牌整合		
	规范环境整合		
	其他一级指标及选用理由：		

（续表）

维度	一级指标	同意（√）	不同意（×）及意见
内部流程协同	作业流程整合 创新流程整合		
	其他一级指标及选用理由：		
学习成长协同	人力资源整合		
	知识资源整合		
	组织资源整合		
	其他一级指标及选用理由：		

中国汽车行业并购整合影响因素二级指标，在选项内打“√”或打“×”（假如上面部分已将一级指标删除，该部分相对应的二级指标可不予考虑）。

维度	一级指标	二级指标	同意（√）	不同意（×）及意见
财务	持续创新成长战略	新产品销售收入		
		新产品销售收入/产品销售收入		
	生产率提升战略	单位成本		
		资产利用率		
客户协同	市场整合	顾客满意度		
		市场集中度		
		市场份额		
	品牌整合	自主品牌销售份额		
	规范环境整合	污染排放因子		

（续表）

维度	一级指标	二级指标	同意（√）	不同意（×）及意见
内部流程协同	作业流程整合	技术产品化周期缩短率		
	创新流程整合	新产品研发周期		
		专利申请量		
		产业创新竞争力		
		专利情况		
学习与成长协同	人力资源整合	中高级人才流失率		
	知识资源整合	R&D投入		
		自身R&D投入		
		合作R&D投入		
		政府与企业R&D投入比率		
		技术购置比率		
		产学研合作力度		
	组织资源整合	创新频率		

您认为上述因素中哪些可以合并，或可以增加哪些二级指标，并请给予理由：

____

____

您对各类一级指标的熟悉程度（请在空格内打“√”）。

序号	影响因素	非常熟悉（5）	较熟悉（4）	熟悉（3）	一般（2）	不熟悉（1）
1	持续创新成长战略					
2	生产率提升战略					
3	市场整合					
4	品牌整合					

（续表）

序号	影响因素	非常熟悉(5)	较熟悉(4)	熟悉(3)	一般(2)	不熟悉(1)
5	政策与环境因素整合					
6	作业流程整合					
7	创新流程整合					
8	人力资源整合					
9	知识资源整合					
10	组织资源整合					

并请对这十个因素的重要性依次排序：

	持续创新成长战略	生产率提升战略	市场整合	品牌整合	政策与环境因素整合	作业流程整合	创新流程整合	人力资源整合	知识资源整合	组织资源整合
排序										

您的判断依据，请在空格内打"√"。

序号	影 响 因 素	影响很大(5)	影响较大(4)	影响一般(3)	影响较小(2)	没有影响(1)
1	理论分析					
2	实践经验					
3	参考国外文献					
4	参考国内文献					
5	直观感受					

第二轮调查问卷

中国汽车行业并购整合影响因素二级指标，在选项内打“√”或打“×”（假如上面部分已将一级指标删除，该部分相对应的二级指标可不予考虑）。

维度	一级指标	二级指标	同意（√）	不同意（×）及意见
财务	持续创新成长战略	新产品销售收入		
		新产品销售收入/产品销售收入		
	生产率提升战略	单位成本		
		资产利用率		
客户协同	市场整合	顾客满意度		
		市场集中度		
		市场份额		
	品牌整合	自主品牌销售份额		
内部流程协同	法令规范流程整合	污染排放因子		
	作业流程整合	技术产品化周期缩短率		
	创新流程整合	专利申请量		
		产品研发成功率		
		产业创新竞争力		
		专利情况		
学习与成长协同	人力资源整合	创新人员比例		
	知识资源整合	R&D 投入		
		自身 R&D 投入		
		合作 R&D 投入		
		政府与企业 R&D 投入比率		
		技术购置比率		
		产学研合作力度		
	组织资源整合	创新频率		

第三轮调查问卷

中国汽车行业并购整合影响因素二级指标，在选项内打"√"或打"×"(假如上面部分已将一级指标删除，该部分相对应的二级指标可不予考虑)。

维度	一级指标	二级指标	同意(√)	不同意(×)及意见
财务	持续创新成长战略	新产品销售收入		
		新产品销售收入/产品销售收入		
	生产率提升战略	单位成本		
		资产利用率		
客户	市场整合	顾客满意度		
		市场集中度		
		市场份额		
	品牌整合	自主品牌销售份额		
内部流程	法令规范流程整合	污染排放因子		
	作业流程整合	技术产品化周期缩短率		
	创新流程整合	专利申请量		
		产业创新竞争力		
		专利情况		
学习与成长	人力资源整合	专业技术人员比例		
	研发资源整合	R&D投入		
		自身R&D投入		
		合作R&D投入		
		政府与企业R&D投入比率		
		技术购置比率		
		产学研合作力度		
	组织资源整合	创新频率		

附录 2　指标权重计算及显著性检验

首先对指标影响程度进行调查，调查表如表 1 所示。

表 1　指标影响程度调查表

序号	内　容	影响很大	影响较大	影响一般	影响较小	没有影响
(一)	对 R&D 投入变化率的影响程度					
1	R&D 投入的比重					
2	销售收入变化率					

其他主要影响及影响程度：

(二)	对 R&D 投入的比重的影响程度					
1	市场集中度					
2	自主品牌销售份额					
3	污染排放因子					

其他主要影响及影响程度：

(三)	对企业研发成果增长率的影响程度					
1	产学研合作力度					
2	研发人员比例					
3	自身 R&D 投入力度					
4	政府 R&D 贡献率					

其他主要影响及影响程度：

(四)	对新产品销售收入变化率的影响程度					
1	新产品研发增长率					
2	市场接纳度					

其他主要影响及影响程度：

（五）	对市场接纳度的影响程度					
1	顾客满意度					
2	市场占有率					
3	污染排放因子					

其他主要影响及影响程度：

（六）	对自主品牌销售份额的影响程度
1	新产品研发增长率
2	自身 R&D 投入力度

其他主要影响及影响程度：

根据影响程度转化成指标的排序，如表 2～表 7 所示。根据表 2～表 7 的数据，运用公式 5-1 计算权重。在确定关系式权重后，根据公式 5-2 至公式 5-4 对计算结果进行显著性检验。权重的计算及检验如下：

表 2　指标排序

	R&D 投入的比重	销售收入变化率
专家 1	1	2
专家 2	1	2
专家 3	1	2
专家 4	1	2
专家 5	1	2
专家 6	1	2
专家 7	1	2
秩和 Rj	7	14

根据公式 5-1 计算得到：$d_1 = 0.7$，$d_2 = 0.3$

对 7 个专家的排序结果进行显著性检验：

1. 假设 H_0：7 个专家看法是不一致的。

2. 计算统计量 x^2：$m = 7$，$n = 2$，$R_1 = 7$，$R_2 = 14$，得 $S = 24.5$，$W = 1$，故 $x^2 = 7$。

3. 取 $\alpha = 0.1$，由 $df = 2 - 1 = 1$，查表知 $x^2 0.1(1) = 2.706$。

4. 下结论:因 $x^2 = 7 > 2.706$,故否定 $H_。$,即认为 7 个专家的看法是显著一致的。

表 3 指标排序

	市场集中度	自主品牌销售份额	污染排放因子
专家 1	3	1	2
专家 2	2	1	3
专家 3	3	1	2
专家 4	3	1	2
专家 5	3	1	2
专家 6	3	1	2
专家 7	3	1	2
秩和 R_j	20	7	15

根据公式 5-1 计算得到:$d_1 = 0.2, d_2 = 0.5, d_3 = 0.3$

对 7 个专家的排序结果进行显著性检验:

1. 假设 $H_。$:7 个专家看法是不一致的。

2. 计算统计量 x^2:$m = 7, n = 3, R_1 = 20, R_2 = 7, R_3 = 15$,得 $S = 86$,$W = 0.88$,故 $x^2 = 12.32$。

3. 取 $\alpha = 0.1$,由 $df = 3 - 1 = 2$,查表知 $x^2 0.1(2) = 4.605$。

4. 下结论:因 $x^2 = 12.32 > 4.605$,故否定 $H_。$,即认为 7 个专家的看法是显著一致的。

表 4 指标排序

	产学研合作力度	研发人员比例	自身 R&D 投入力度	政府 R&D 贡献率
专家 1	2	1	3	4
专家 2	3	1	4	2
专家 3	3	1	2	4
专家 4	4	1	2	3
专家 5	2	1	3	4
专家 6	3	1	4	2
专家 7	4	1	3	2
秩和 Rj	21	7	21	21

根据公式 5-1 计算得到：$d_1 = 0.2, d_2 = 0.4, d_3 = 0.2, d_4 = 0.2$。

对 7 个专家的排序结果进行显著性检验：

1. 假设 $H_。$：7 个专家看法是不一致的。

2. 计算统计量 x^2：$m = 7, n = 4, R_1 = 21, R_2 = 7, R_3 = 21, R_4 = 21$，得 $S = 147, W = 0.6$，故 $x^2 = 12.6$。

3. 取 $\alpha = 0.1$，由 $df = 4 - 1 = 3$，查表知 $x^2 0.1(3) = 6.251$。

4. 下结论：因 $x^2 = 12.6 > 6.251$，故否定 $H_。$，即认为 7 个专家的看法是显著一致的。

表 5　指标排序

	新产品研发增长率	市场接纳度
专家 1	2	1
专家 2	1	2
专家 3	2	1
专家 4	2	1
专家 5	2	1
专家 6	2	1
专家 7	2	1
秩和 Rj	13	8

根据公式 5-1 计算得到：$d_1 = 0.38, d_2 = 0.62$

对 7 个专家的排序结果进行显著性检验：

1. 假设 $H_。$：7 个专家看法是不一致的。

2. 计算统计量 x^2：$m = 7, n = 2, R_1 = 13, R_2 = 8$，得 $S = 12.5, W = 0.51$，故 $x^2 = 3.57$。

3. 取 $\alpha = 0.1$，由 $df = 2 - 1 = 1$，查表知 $x^2 0.1(1) = 2.706$。

4. 下结论：因 $x^2 = 3.57 > 2.706$，故否定 $H_。$，即认为 7 个专家的看法是显著一致的。

表 6 指标排序

	顾客满意度	市场占有率	污染排放因子
专家 1	2	3	1
专家 2	3	2	1
专家 3	2.5	2.5	1
专家 4	3	2	1
专家 5	2	3	1
专家 6	3	2	1
专家 7	2	3	1
秩和 Rj	17.5	17.5	7

根据公式 5-1 计算得到：$d_1 = 0.25$，$d_2 = 0.25$，$d_3 = 0.5$

对 7 个专家的排序结果进行显著性检验：

1. 假设 $H_。$：7 个专家看法是不一致的。

2. 计算统计量 x^2：$m = 7$，$n = 3$，$R_1 = 17.5$，$R_2 = 17.5$，$R_3 = 7$，得 $S = 73.5$，$W = 0.75$，故 $x^2 = 10.5$。

3. 取 $\alpha = 0.1$，由 $df = 3 - 1 = 2$，查表知 $x^2 0.1(2) = 4.605$。

4. 下结论：因 $x^2 = 10.5 > 4.605$，故否定 $H_。$，即认为 7 个专家的看法是显著一致的。

表 7

	新产品研发增长率	自身 R&D 投入力度
专家 1	1	2
专家 2	1	2
专家 3	1	2
专家 4	1.5	1.5
专家 5	1	2
专家 6	1	2
专家 7	1	2
秩和 Rj	7.5	13.5

根据公式 5-1 计算得到：$d_1 = 0.65$，$d_2 = 0.35$。

对 7 个专家的排序结果进行显著性检验：

1. 假设 H_{0}：7 个专家看法是不一致的。

2. 计算统计量 x^{2}：$m = 7, n = 2, R_{1} = 7.5, R_{2} = 13.5$，得 $S = 18, W = 0.735$，故 $x^{2} = 5.145$。

3. 取 $\alpha = 0.1$，由 $df = 2 - 1 = 1$，查表知 $x^{2}0.1(1) = 2.706$。

4. 下结论：因 $x^{2} = 5.145 > 2.706$，故否定 H_{0}，即认为 7 个专家的看法是显著一致的。

Reference

参 考 文 献

[1] 国务院发展研究中心产业经济研究部等. 中国汽车产业发展报告[M]. 北京:社会科学文献出版社,2011:23-24.

[2] 于宛尼. “新能源”和“轻型化”并驾齐驱[N]. 工人日报,2011-07-06(4).

[3] Cohen M, Levinthal D. Innovation and learning: the two faces of R&D [J]. The Economic Journal, 1989(99): 569-596.

[4] 乔治·约瑟夫·施蒂格勒. 潘振民译. 产业组织和政府管制[M]. 上海:上海三联出版社,1992.

[5] 张峥,宋婷安,柏春华. 基于持续创新能力的我国汽车产业并购绩效的实证研究[J]. 汽车工程,2011(5):457-462.

[6] 约瑟夫·熊彼特. 何畏译. 经济发展理论[M]. 北京:商务印书馆,1990.

[7] 约瑟夫·熊彼特. 叶华译. 经济周期循环论[M]. 北京:中国长安出版社,2009.

[8] 今井正明. 周亮译. 改善:日本企业成功的奥秘[M]. 北京:机械工业出版社,2010.

[9] 野中郁次郎,竹内弘高. 李萌,高飞译. 创造知识的企业[M]. 北京:知识产权出版社,2006.

[10] H. Boer, F. Gertsen. From Continuous Improvement to Continuous Innovation[J]. Intenational Journal of Technology Management, 2003, 26: 805-827.

[11] J. Rodriguez. Achieving Continuous Innovation in Today's Competitive Economy[J]. Renaissance Executive Forums, fall. 2003: 71-87.

[12] A C Soosay, T R Sloan, R L Chapman. Developing Organizational Capacities: A Strategic Approach to Continuous Innovation[C]. Proceeding of Sixth International CINet Conference, 2005: 1-12.

[13] Markus Pohlmann. The Evolution of Innovation: Cultural Backgrounds and the Use of Innovation Models[J]. Technology Analysis & Strategic Management, 2005(1):19.

[14] 向刚,李振国,李穗明. 企业持续创新:重要性与基本概念[J]. 经济问题探索,1996(6):4-7.

[15] 夏保华. 论企业持续创新的结构[J]. 科学学研究,2002(10):534-538.

[16] 向刚,汪应洛. 企业持续创新动力机制研究[J]. 科研管理,2004(11):108-114.

[17] 林绍文,张钢. 企业持续技术创新的事项途经分析[J]. 中国科技论坛,(11):51-55.

[18] 文丰,王玉.企业持续技术创新的路径及传导机理[J].经济管理,2006(7):39-44.
[19] 杨立生,段云龙.基于模糊综合评价的企业绿色持续创新能力研究——中小企业绿色持续创新能力评价及应用[J].云南民族大学学报(自然科学版),2007,16(3):197-201.
[20] H Boer,J Kuhn,F Gertsen. Continuous Innovation[J]. CINet Working Paper Series, 2006:69-77.
[21] Claudine A. Soosay, Paul W. Hyland and Mario Ferrer. Supply Chain Collaboration: Capabilities for Continuous Innovation[J]. Supply Chain Management, 2008, 13(2): 160-169.
[22] 郑勤朴.浅谈定量评价企业持续创新能力[J].理论与现代化,2001(5):34-37.
[23] 陆奇岸.动态环境下企业可持续竞争优势的战略选择[J].工业技术经济,2004(5): 61-64.
[24] 向刚,汪应洛.企业持续创新能力:要素构成与评价模型[J].中国管理科学,2004(12):137-142.
[25] 王文亮,冯军政.企业持续创新能力内涵与特征分析[J].技术经济,2006(11):70-73.
[26] 孙晓峰.企业持续技术创新能力及其评价指标体系的构建[J].工业技术经济,2007(1):26-27.
[27] 李支东,章仁俊.企业持续创新能力评价研究[J].商业研究,2009(8):8-10.
[28] John D. Wolpert. Break Out of the Innovation Box[J]. Harvard Business Review, 2002,(8):135-147.
[29] Badii A., and Sharif, A. M.. Integrating Information and Knowledge for Enterprise Innovation[J]. Logistics Information Management,2003,16 (2):145-155.
[30] Tor Tonnessen. Continuous Innovation through Company Wide Employee Participation[J]. The TQM Magazine, 2005,17(2):191-195.
[31] Bart A. G. Bossink, Leadership for sustainable innovation[J]. Bossink International Journal of Technology Management and Sustainable Development, 2007, 6 (2): 135-149.
[32] Kevin C. Desouza, Yukika Awazu, Sanjeev Jha, Caroline Dombrowski, Sridhar Papagari, Peter Baloh, andJeffrey Y, Kim. Customer-Driven Innovation [J]. Research Technology Management, May-July 2008.
[33] Ruth A Wienclaw. Technological Innovation&Entepreneurs[J]. Research Starters Business,2008: 283-299.
[34] 汪应洛.培育我国中小企业持续创新能力的策略研究[J].企业活力,2002(5):26-27.
[35] 王文亮,冯军政.企业持续创新能力培育与提升策略[J].企业活力,2006(11):69-71.
[36] 徐莉.增强企业持续创新能力的对策研究——从克服技术创新核心刚性视角[J].江

西社会科学,2007(2):140-142.

[37] 徐英吉,徐向艺. 技术创新和制度创新的组合对企业持续成长的影响——基于熵理论和耗散结构理论的视角[J]. 财经科学,2007(9),82-89.

[38] 宋婷安,张峥. 企业持续创新能力研究评述[J]. 技术与创新管理,2010(4):388-391.

[39] 姚伟键. 基于平衡记分卡分析框架的企业并购整合研究[D]. 重庆大学硕士学位论文,2005.

[40] B. Espen Eckbo. Horizontal Mergers, Collusion, and Stockholder Wealth[J]. Journal of Financial Economics, 1983,11(4): 241-273.

[41] P. C. Haspeslagh, D. B. Jemison. Managing Acqusitions: Creating Value Through Corporate Renewal[M]. New York: the Free Press,1991.

[42] Alexandra Reed Lajoux, The Art of M&A Integration: A Guide to Merging Resources, Processes and Responsibilities[M]. New York: McGraw-Hill, November 1, 1997.

[43] 陈小平. 战略整合模型研究[J]. 外国经济与管理,2001(7):19-24.

[44] 姚水洪. 企业并购后的管理整合系统性分析[J]. 科学技术与辩证法,2002,19 (5):74-77.

[45] 秦剑. 企业并购的战略整合[J]. 财经科学,2005(5):153-158.

[46] 杜卓君,石小平,何英捷. 基于多角化战略的并购整合——一种价值链整合模式[J]. 经济体制改革,2005(1):48-50.

[47] 戴丽萍. 并购双方企业战略整合管理研究[J]. 工业技术经济,2006(7): 18-22.

[48] P·普里切特,D·鲁滨逊,R·克拉克森. 凌晓萍译. 并购之后:如何整合被收购公司[M]. 中信出版社,1999:35.

[49] 李前兵. 战略联盟中人力资源整合模式探讨[J]. 商业时代,2005(24):38-40.

[50] 颜士梅,王重鸣. 并购式内创业中的人力资源整合水平和模式研究[J]. 浙江大学学报(人文社会科学版),2009(1):178-189.

[51] 王宛秋,王淼. 基于动态能力观的技术并购整合研究[J]. 经济问题探索,2009(3):123-129.

[52] 项保华,殷瑾. 购并后整合模式选择和对策研究[J]. 中国软科学,2001(4): 56-59.

[53] 崔保军. 企业并购后的文化整合模式及选择[J]. 企业活力,2007(3):70-71.

[54] 刘永谋,钟荣丙. 企业并购的文化整合模式及路径[J]. 商业时代,2007(7): 109-110.

[55] 张德茗,董炉宝. 并购企业文化整合与沟通的模型研究[J]. 统计与决策,2009, (15):186-188.

[56] Chaudhuri, S. , B. Tabrizi. Capturing the Real Value in High-tech Acquisitions[J]. Harvard Business Review, 1999, 77(5):123-130.

[57] R. Boutellier, O. Gassmann. R&D Acquisition Success. The Role of Knowledge

Characteristics and Early Stage Integration [C]. Paper for Doctoral Seminar "Innovation Management in Transnational Companies" Winter. 2003/2004.

[58] 王长征.并购整合:通过能力管理创造价值[J].外国经济与管理,2000(12): 13-19.

[59] 管述学,庄宇.基于核心能力的企业并购整合模型研究[J].软科学,2005(1): 92-96.

[60] 侯汉坡,刘峰.以提升创新能力为目标的技术并购整合管理研究[J].中国科技论坛,2007(3):90-93.

[61] 季成,朱晓明,任荣明.基于知识整合价值链的企业并购知识整合研究[J].研究与发展管理,2007(12):78-84.

[62] Barney J B. Firm Resources and Sustained Competitive Advantage[J]. Journal of Management,1991,17(1):99-120.

[63] Teece, D. J. Explicating Dynamic Capabilities: The Nature and Microfoundations of Sustanable Enterprise Performance[J]. Strategic Management Journal, 1997 (28): 1319-1350.

[64] Cohen,W. M. ,Levinthal, A. Absorptive Capability: A Newprospective on Learning and Innovation[J]. Administrative Science Quarterly, 1990, 35: 128-152.

[65] Jensen, M. C. , R. S. Ruback, The Market for Corporate Control: The Scientific Evidence[J]. Journal of Financial Economics. 1993:5-50.

[66] John Hagedoorn, Geert Duysters. The Effect of Mergers and Acquisitions on the Technological Performance of Companies in High-tech Enviroment [J]. Elidoven Center for Innovation Studies. The Netherlands:Working Paper.

[67] Ranft, Annette L. Lord, Michael D. Acquiring New Knowledge: The Role of Retaining Human Capital in Acquisitionsof High Tech Firms[J]. Journal of High Technology Management Research, 2000, 11(2):295-320.

[68] T. Lookabaugh. Innovation by Acquisition [C]. Engineering Management Conference, 2002 IEEE International, 2002,1: 316-321.

[69] 魏江.企业技术能力理论[M].北京:科学出版社,2002.

[70] 刘金雄.企业创新与企业并购增值理论研究[D].天津:天津大学,2002:20.

[71] 陈德智,肖宁川.并购——技术跨越模式研究[J].科技管理研究,2003(2): 65-67.

[72] 邓乐元,成良斌.企业并购对技术创新的影响[J].科技与管理,2004(2): 108-110.

[73] 余海燕.上市公司并购创新企业的战略行为研究[D].复旦大学,2005:34.

[74] 姚伟坤,陶学禹.并购中的技术能力整合研究[J].科技进步与对策,2006(12): 33-35.

[75] 柳卸林,简明珏.如何通过国际兼并提高技术创新能力--京东方的并购与创新[J].中国软科学,2007(12):73-82.

[76] 白杨.基于技术创新战略的发电集团并购中价值评估的研究[D].北京交通大学,2008:45.

[77] 侯汉坡,殷晓倩,刘春成. 基于技术并购的企业持续技术创新体系及实施方式研究[J]. 中国科技论坛,2009(6):51-54.

[78] 李延喜,张悦玫,李宁. 基于战略地图的战略性绩效评价体系研究[J]. 科研管理,2005,26(1):145-152.

[79] Norreklith. The Balance on the Balanced Scorecard—A Critical Analysis of Some of Its Assumptions [M]. Management Accounting Research,2000:65-88.

[80] 易杜勤. 基于动态平衡计分卡的高校绩效评价研究[D]. 黑龙江:哈尔滨理工大学,2009:21.

[81] 鞠宇平. 基于战略地图的企业战略无形资产评估[D]. 江苏:东南大学,2005:10-11.

[82] 闫立罡,吴贵生. 世界汽车业强国地位的演变及其对我国的启示[J]. 中国软科学,2004(10):41-49.

[83] 宏源汽车组. 汽车产量世界第一,忧冷热不均[EB/OL]. 宏源证券,2011 年 03 月 20 日.

[84] 世界汽车制造商协会. 世界主要汽车生产国汽车年产量排名[EB/OL]. [2010-11-10]. http://quejh97nju. blog. 163. com/blog/static/16851963220101010119597/.

[85] 搜狐汽车研究室."2011 全球汽车产业白皮书" 开启复苏之路[EB/OL]. (2011-04-15). http://auto. sohu. com/20110415/n305889063_1. shtml.

[86] 搜狐汽车研究室."2011 全球汽车产业白皮书"开启复苏之路[EB/OL]. (2011-04-15). http://auto. sohu. com/20110415/n305889063_2. shtml.

[87] 吴晓芬. 我国汽车行业并购行为研究[D]. 福建:福建师范大学,2008:19-22.

[88] 国务院发展研究中心产业经济研究部等. 中国汽车产业发展报告[M]. 北京:社会科学文献出版社,2011:95.

[89] 杜伟. 2010 年车市盘点:汽车消费结构调整见成效[EB/OL]. (2011-01-10). http://auto. sohu. com/20110110/n278777625. shtml.

[90] 金融界. 利好政策刺激 小排量车销售势头转旺[EB/OL]. (2011-08-05). http://news. 3158. cn/201108051/n5804126551. html.

[91] 中国商用汽车网. 2010 年销量排名前十位的汽车生产企业[EB/OL]. (2011-01-25). http://www. phb168. com. cn/a/200739. html.

[92] 搜狐汽车研究室. "2011 全球汽车产业白皮书"开启复苏之路[EB/OL]. (2011-04-15). http://auto. sohu. com/20110415/n305889063_5. shtml.

[93] 网易财经. 中国 2010 年汽车销量稳居全球第一[EB/OL]. (2011-01-10). http://money. 163. com/11/0110/16/6Q23HQJR002526O5. html.

[94] 张毅. 国家首次将长安汽车划入中国汽车行业第一阵营[EB/OL]. (2009-03-25). http://www. chcj. net/thread-1396491-1-1. html.

[95] 彭萌. 中国上市公司并购整合模式及案例研究[D]. 重庆:重庆大学,2007:28-29.

[96] 吕游. 2010自主品牌表现差强人意 2011前途堪忧[EB/OL]. (2011-01-17). http://auto.sohu.com/20110117/n278829004.shtml.

[97] 陈志杰. 奇瑞成功捍卫“首席自主品牌”[EB/OL]. (2011-01-14). http://news.china.com.cn/rollnews/2011-01/14/content_6077684.htm.

[98] 搜狐汽车综合报道. 数据说话:自主品牌仍与合资品牌有差距[EB/OL]. (2007-01-16). http://auto.sohu.com/20070116/n247643747.shtml.

[99] 陈柳钦. 我国新能源汽车产业发展面临的问题[J]. 汽车工业研究,2011(6):2-9.

[100] 林琳. 我国新能源汽车发展的现状、瓶颈及对策分析[J]. 黑龙江科技信息,2011(3):102,26.

[101] 国务院发展研究中心产业经济研究部等. 中国汽车产业发展报告[M]. 北京:社会科学文献出版社,2011:194.

[102] 国务院发展研究中心产业经济研究部等. 中国汽车产业发展报告[M]. 北京:社会科学文献出版社,2011:78.

[103] 张宁,姚群,张文杰,姜英. 对影响我国汽车整车产品开发能力若干因素的分析[J]. 中国工程科学,2009,11(11):37-44.

[104] 黄建根,杨辰,李婷婷. 汽车行业专利现状分析及自主发展策略[J]. 中国发明与专利,2010(8):68-72.

[105] 赵奕. 全球车企研发费用下挫 中国车企猛攻[EB/OL]. (2010-12-03). http://auto.ifeng.com/news/internationalindustry/20101203/480944.shtml.

[106] 国务院发展研究中心产业经济研究部等. 中国汽车产业发展报告[M]. 北京:社会科学文献出版社,2011:195.

[107] 台湾《经济日报》. 美十大创新公司[N]. 参考消息, 2010,10(4):4.

[108] 罗伯特.卡普兰,大卫.诺顿.战略地图——化无形资产为有形成果[M]. 广州:广东经济出版社,2007.

[109] 李仲来. 确定因素权重的专家调查法[J]. 学科教育,1991:37.

[110] Penrose,E. T. The Theory of the Firm. Oxford University Press,1959.

[111] 李永钧. 透视“上汽南汽合作”[J]. 汽车工业研究,2008(3):8-11.

[112] 郭淑芳. 从上汽并购南汽看汽车业的发展[J]. 沿海企业与科技,2008(10):130-133.

[113] 张雷. 中国汽车行业并购研究——基于上汽并购南汽的案例分析[D]. 北京:对外经济贸易大学,2008.

[114] 陆奇岸. 基于并购企业成长战略的思考[J]. 商业研究,2008(2):156-158.

[115] 桐桂发. 新产品开发策略[J]. 中外企业家, 1994(2):66-67.

[116] 韩新严,吴添祖. 技术创新绩效评估指标. 技术经济,2003,(5): 28-30.

[117] 李玉良. 并购后整合:通过顾客价值创新创造价值[J]. 社会科学辑刊,2009(3):102-104.

[118] 国务院发展研究中心产业经济研究部，中国汽车工程学会，大众汽车集团(中国). 中国汽车产业发展报告[M]. 北京：社会科学文献出版社，2010.
[119] 赵月岚. 中国现行汽车产业政策的再思考[J]. 汽车工业研究. 2009(3)：2-6.
[120] 赵家新. 基于平衡计分卡的高科技企业综合创新绩效评价体系研究[J]. 科技进步与对策，2007，24(10)：151-153.
[121] 刘志全. 加强机动车环保法规建设，推动机动车产业可持续发展[EB/OL]. (2010-09-05). http://www.autoinfo.gov.cn/zhuanti/forum/ylforum/jnjp/webinfo/2010/08/1283139102779190.htm.
[122] 刘兰剑. 中国汽车节能减排政策与美、日比较研究[J]. 中国科技论坛，2010(6)：155-160.
[123] 杨东升，张永安. 产学研合作的系统动力学分析[J]. 北京工业大学学报，2009，35(1)：140-144.
[124] 张国强. 企业技术创新动力机制研究 [D]. 陕西：西安科技大学，2009：36.
[125] 钟永光，贾晓菁，李旭. 系统动力学[M]. 北京：科学出版社，2009.
[126] 李旭. 社会系统动力学[M]. 上海：复旦大学出版社，2009.
[127] 董晓燕. 基于系统动力学的汽车产业创新系统研究 [D]. 安徽：合肥工业大学，2009：15-16.
[128] 胡玉华，郭彬. 欧Ⅵ汽车排放标准对我国汽车制造业造成新冲击[J]. 大众标准化，2010(2)：41-43. 专家视点.
[129] 赵月岚. 中国现行汽车产业政策的再思考[J]. 汽车工业研究，2009(3)：2-6.
[130] 刘菲. 汽车工业技术创新能力分析与对策研究[D]. 天津大学：2009：51-52.
[131] 郎贵飞. 美日德的汽车产业政策及其启示[J]. 经济问题探索，2006(11)：135-138.
[132] 魏学珍. 车企高速路"并道"在即[J]. 南风窗，2009(8)：72-73.

后　记

本书是我对近几年在并购创新领域研究成果的概括和总结。本书的一些内容和观点，曾经以论文的形式在国内外杂志上公开发表，有些论文入选国内外的国际学术会议并进行了宣读。

本书有些研究内容还需要进一步完善。由于并购绩效需要一较长时间才能显现，本研究项目选取以2002—2007年之间发生并购的27家中国A股汽车产业上市公司作为研究样本进行实证研究。由于在该期间汽车产业所发生过并购的上市公司数量有限，造成样本容量较小。如果样本容量能进一步扩展，结论会更有说服力。另外，本文构建的基于持续创新能力的并购整合模式结构主要是内在因果关系构成的策略体系，在实际实施过程中，需要结合平衡计分卡构建评价体系，以有效引导企业实现战略目标，形成完整的战略体系。这是今后需要进一步深入研究的问题。

在本书付梓之际，首先特别感谢严广乐教授。严教授是系统动力学研究领域的著名专家，是中国系统工程学会系统动力学专业委员会副主任，上海理工大学管理学院的副院长、教授、博导。在构建系统动力学模型过程中，严教授多次给予热情指导。严教授严谨的治学态度、丰富的理论知识和平易近人的的风格非常值得我学习。此外，上海理工大学的孙绍荣教授、叶春明教授、美国加州大学伯克利分校的Zuo-Jun (Max) Shen教授都对本书提出了建设性意见。我指导的硕士研究生宋婷安、柏春华、刘晓静为本书的部分章节撰写了初稿。何园博士生为本书的形成做了大量的整理工作，并撰写了部分章节初稿。特别感谢上海交通大学的常韶伟和汪俪，他们极富效率的工作使得本书得以尽快问世。最后我要感谢我的夫人何园和儿子张育玮，他们在精神上和生活上给予了我极大的鼓励和支持，并提出具有洞察力的意见。正因为他们的努力和奉献，这本书才变得更加完善。

衷心感谢支持并帮助本书完成的各位领导、专家和亲友！

张　峥

2013 年 11 月 16 日